いま 死の意味とは

いま 死の意味とは

トニー・ウォルター 著
堀江宗正 訳

岩波書店

WHAT DEATH MEANS NOW
Thinking Critically about Dying and Grieving
by Tony Walter

Originally published in 2017 by Policy Press, Bristol.
This Japanese edition published 2020
by Iwanami Shoten Publishers, Tokyo
by arrangement with Policy Press, Bristol

謝辞

草稿についてコメントしてくれたKlaus Wegleitnerに感謝する。また、著者と共同制作するようなかたちで作業してくれたPolicy Pressのスタッフにも感謝する。三〇年以上にわたり、死、死にゆくこと、死別について、分析的かつ批判的に考えるよう私にインスピレーションを与えてくれた学者たちは、名前を挙げ切れないほどたくさんいる。本書は彼らとの共同制作の賜物である。バース大学の社会政治科学科で働いてきた過去一〇年間は、政策問題をより直接的に検討するよう私をうながしてきた。最後に、私は家族、友人、隣人に感謝する。彼らは、今日において死ぬこととケアすることがどのようなものであるかについて、常に私に教えを示してくれている。

目　次

イントロダクション

一　いま死の意味とは

死はすべての人間にもたらされるが、死がもたらす課題は進化している。この本は、今日、死が突きつけている具体的な課題に、個人、家族、共同体、社会がどのように応答しているかを概観するものである。焦点となるのは、先進国の産業社会、とくに個人の自律を特権化している西洋諸国である。この個人の自律は、とりわけ身体の衰えによって、また死にゆく過程、葬儀、悲嘆などの不確実性によって脅かされつつある資源となっている。

二　批判的に考える

道徳的起業家《モラル・アントレプレナー》〔道徳や規範を普及しようとする人〕という社会学的概念を援用するなら、死の現代的課題にうながされて**「死の起業家」**とでも呼べるような人々が登場してきている。つまり、新しい〔彼らの見解では心理的に健康で、より自然な〕死に方、葬儀の仕方、悲嘆の仕方を推進するような人々であり、その運動である。そのような起業家は、北米では**死の認知運動** death awareness movement と総称されている。英国では**緩和ケア**、**死別ケア**、**慈悲共同体** compassionate community などの運動、「死に方は大事 Dying Matters」「自然死センター Natural Death Centre」などの組織に代表される。死の起業家たちの主張の典型的なものは、自分の死をコントロールしよう、選択をおこなおう、自分の気持ちを表現しよう、死を脱医療化 de-medicalise しよう、というものである。

彼らの処方箋は、注意深く評価された証拠《エビデンス》ではなく、情熱、信念、苦労して得られた経験によって突き動かされてできたものである(これは私自身の大学教育へのアプローチにも当てはまるが)。たとえば、英国では、アドバンス・ケア・プラニングが促進され、すぐれたホスピスケアは安楽死の要求を減らすと主張され、両親は死産した赤ん坊を抱くようにすすめられ、服喪者は悲嘆を表現することをすすめられる。これらは、証拠が存在しなくても、またそのような実践や主張に疑問を投げかける証拠があっても、推し進められている。ハルパーン(Halpern 2015, 2001)は、最近、次のように観察している。「数百万人の死にゆくアメリカ人のケアを改善しようとして考案された現行の方針や実践のうち、いささかでもエビデンスにもとづいているものはない。食品医薬品局は比較的無害な薬でさえ承認するためにエビデンスを求めているというのに」。この本は死の認知運動の信条に無批判に参入するのではなく、批判的思考を広めること、運動に対する忠実な批判者になることをめざしている。

三　本書の視点

近代西洋社会で特権的地位を占めている直線的時間観からは、歴史についての二つの物語が引き出される。一つは進歩の物語であり、もう一つは衰退/ノスタルジアの物語である(Zerubavel 2003)。この二つの物語は、死と死についての思考を支配している。進歩の物語の場合、医学と公衆衛生は疾病の予防と治療および寿命の延長において大きな進歩を遂げてきたし、なお進歩し続けているとされる。衰退の物語の場合、近代医学は身体を修理すべき機械のように見るため、人生最終段階では不適切であり、死にゆく人の人間性を否定する、とされる。一方、共同体と宗教の崩壊によって儀礼が弱体化したため、死にゆく過程と悲嘆や悲哀という実存的な課題にどう直面すればよいか、われわれは途方に暮れているとされる。この分野でもっとも影響力のある二冊の本が書かれている。一冊は、死にゆく過程についての本で、スイス系アメリカ人精神科医エリザベス・キューブラー＝ロス（Kübler-Ross 1969）によって書かれた。もう一冊は、悲嘆についての本で、英国の人類学者であるジェフリー・ゴーラー（Gorer 1965）によって書かれた。どちらも、著者の子ども時代の視点から死をノスタルジックに説き起こし、二〇世紀半ばの非人間的な死の道程と対比するという書き方を採用している。いずれの本でも、著者の衰退の物語には、変化を呼びかけるラッパを吹き鳴らすような場面が含まれている。

進歩の物語と衰退の物語のそれぞれには真実の粒が入っているが、本書はいずれをも採用しない。社会的、経済的、宗教的、人口学的な変化は、しばしば死と喪失という人間的な経験にインパクトを与えるが、今はまさにそのような時代である。社会はしばしば苦心して自らの死の慣行を新しい環境に適応させようとする。社会のすべてのメンバーが死と喪失に平静に直面したような黄金時代などなかったし、これからもないだろう。人間とその社会は死神 Grim Reaper にできる限りうまく対応しようと努力している。

私の視点はだいたいにおいて社会学的だが、他の多くの学問分野の仕事に依拠している。学際性が必要である理由は、アンドレ・ジッドが書いたように、「死は常に合理的なものと合理的でないものの戦い」だという点にとりわけ求められる（Rotar 2015: 145 の引用による）。人類学者のローリング・ダンフォースが研究したギリシャの農村の人々は、死後の心と体のゆくえを深く象徴的に理解した。とはいえ、同時に、彼らは農業と牧畜を営む民として〔昆虫や動物の殺害を通して〕「死んだら終わり」ということを完全に熟知していた。洗練された都会人でも、矛盾や不合理からは免れていないかもしれない。たとえば、故人が見晴らしの良い場所を楽しめることや、木によって守られることなどを期待できる場所に墓を建てたりする（Francis et al 2005）。ある寒い一月のこと、私は亡くなった友人の埋葬を終え、通夜の和やかな社交から離れて、ふと教会墓地に立ちこめた霧を通して土饅頭《どまんじゅう》に目をやり、友人に思いを馳せた。土の中に冷たく一人ぼっちで埋まっているな、と。このとき、私は社会学の博士号を取得した不可知論者でありながら、亡《な》き骸《がら》に思いを寄せていた。死の前と後のどちらでも、理性にもとづく方針や実践は、感情の力を考慮に入れなければならない。それは、整然とした段階理論〔死に至る心理や死別後の心理の段階についての理論〕に収まるかもしれないし、収まらないかもしれない。また、信念の力をも考慮に入れなければならない。それは、宗教の公式教義に収まるかもしれないし、収まらないかもしれない。

四　この本が対象としないもの

本書は読者がよく直面しそうな種類の死に焦点を当てる。それは日常的な平時の死であり、多くの場合、高齢になって起こるものであり、経済的に発展した西洋諸国に特徴的な死である。西洋的な仮定を強調するために、時折、日本とのコントラストに注目する。この本が対象としないものは、次のようなものである。

- 赤ん坊の死亡や交通事故および災害など、悲劇的だが比較的普通ではない死
- 社会または地球レベルでの生命に対する脅威（たとえば、不平等、戦争、地球温暖化）で、大きな政治的変化がなければ取り組むことができないような課題
- 低中所得国での死。それらは今日の死亡者の大半を占めているが
- 安楽死と幇助自殺
- 専門家による意図的または非意図的な殺害（とくに兵士、医師、獣医による）。戦争、中絶、医療過誤、医療的安楽死、戦場での安楽死、動物の安楽死などにおける
- 非専門家による殺害。事故（とくに路上など）であれ、殺人／故殺（激情による殺人）であれ
- 自殺
- 人間の遺骸の科学的、医学的、教育的な使用。考古学的発掘、博物館の展示、解剖、臓器提供などによる
- 災害（黒死病やチェルノブイリ原発事故のような）において時々起こる広範囲かつ長期的な影響

これらはそれぞれ独立した本に値するので対象としない。

五　本書の概要

第一章では、死が必ずしも想定通りに扱われない理由について、相反する見解を検討する。問題が死についての誤った考えにあるとする人もいるが、他の人々は、死が近づくにつれて、医療システムが目的に合わなくなるからだという。第二章では、人々が死と死にゆくことについて話をするのは良いことだという考えについて検討する。

続く章は、死から葬儀へ、そして遺体の処理、悲嘆へと進む。第三章は現代の西洋の「良い死」について批判する。人が可能な限り長く自律的な個人であり続け、可能な限り選択をおこなえ、管理でき、他者に寄り添って accompanied もらえるということが、「良い死」という観念では考えられている。死の医療化がいかに頻繁に批判されているかを踏まえた上で、第四章では、人生最終段階における医療従事者の役割に関するさまざまな見解を検討する。そして「慈悲共同体」のアプローチも検討する。これは、死にゆく過程を専門家から解き放ち、家族や共同体に返し、医療の専門家は主人ではなく奴隷として付き添うというかたちをめざしている。第五章では、社会が豊かになり、（多くの場合）世俗的になるにつれて進化してきた葬儀の目的の理解について論じる。第六章は、現代の巨大都市において非常に多数の遺体を処理しなければならないという進行中の課題について調べる。そこでは、情緒的な感受性、宗教の多様性、物理的な衛生、エコロジー的な持続可能性を尊重する処理法が求められている。第七章では「健康な」悲嘆について進化しつつある規範を分析する。

多くの人々が愛する人たちと地理的に離れていながらデジタルで接続されている。そのような世界であることを踏まえ、第八章は、死にゆく身体と動かすことができない墓（少しは動かせるものもあれば、完全に動かせないものもある）に関する移住とデジタル通信の可能性を探る。最後に、結論（第九章）では、拡散する死という新しいパラダイムを見定めたい。これには、死の認知運動のさまざまな活動から意図的に出てきた面だけでなく、意図せずしてデジタル通信から出てきた面もある。

第１章
何が問題なのか？

人口学を参照すると、死と死にゆくことは二一世紀のグローバルな問題だということがわかる。多くの西洋社会は戦後にベビーブームを経験したが、それは二〇二〇年から二〇五〇年まで死のブームが起こるということを意味する。南半球の大部分では、二〇世紀後半に前例のない数の赤ん坊が生き残って成長し、年齢を重ね、最終的には二一世紀に死ぬため、さらに大きな死のブームが見られるだろう。デヴィッド・クラークと共著者たち(Clark et al 2017)の予測によれば、世界の年間死亡者数は、現在は約五六〇〇万人だが二一世紀の半ばまでに過去最高の約九〇〇〇万人に達し、その後、世紀中に出生率が低下するという。この低下は、過去四〇年にわたって世界中で出生率が減少したことによる(サハラ以南のアフリカをのぞく)。したがって、死ぬこと、死体、悲嘆の管理は二一世紀の主要な問題であり、世界中の個人、家族、共同体、そして社会保障政策と保健政策などを巻き込むことになる。

誰が死んでいるのか、何から変化が起きているのか。北半球で、また次第に南半球でも、死は小児期や子ども時代の領域から老年期の領域へと移り変わってきた。一九〇〇年のイングランドとウェールズでは、死者の二五%が一歳未満の乳児だった。その世紀の終わりまでには、乳児の死は全体のわずか一%に落ちていた。一九〇〇年には、七五歳以上の死者は、全体のわずか一二%だった。それが一世紀以内にすべての死者の五九%に増加した(Davies 2015: 21)。同様のパターンは、ほとんどすべての産業社会で見られ、例外はほとんどない。しかし、貧しい人々は、すべての年齢、そしてほとんどすべての疾患で死亡率が高い。英国では社会階級の最上層と最下層の差がとくに顕著であり、増加している(Fitzpatrick and Chandola 2000; Dorling 2013)。

きれいな水、整備された下水道、食料の確保、家族の規模の縮小は、感染症による死亡を大幅に減らす。英国では一八七〇年代からこのような動きが始まった。予防接種、それに二〇世紀半ばからは抗生物質も、死亡率低下に役立った。どの程度の寄与かは論争の的となってきたが(McKeown 1979)。幼児や高齢者は特別に感染リスクを抱えているものの、北半球では大部分の人々が老年になるまで生き続け、やがて年齢とともに発生するさまざまな状況に抵抗できなくなる。そのような人は、南半球でも増加している。現在、慢性の非感染性疾患は世界の全死者数のほぼ三分の二を占めているが、そのような死者の八割は低所得国および中所得国で発生している。癌はそのよい例である。同様に心臓、肺、脳、腎臓などのさまざまな臓器の変性も、多くの場合、癌との組み合わせで発生している。結核を除いて、感染症で死ぬのには数日か一〜二週間しかかからないことが多いが、その一方で高齢の状態で死ぬのには数カ月または数年の虚弱、病気、複数の薬物療法と処置、それに機能低下を伴うことが多い。この期間には、かなりのコストがかかる。公的医療と社会的介護 social care(どれぐらい支払われているかはともかく)[1]にとってだけでなく、家族介護者《ケアラー》にとっても大きなコストがかかる。家族介護者は収入を失うかもしれないし、自分の健康を損なうなど他のコストを負うことになるかもしれない。世界保健機関(WHO)によれば、「非感染性疾患の法外な費用により、毎年一億人が貧困に陥り、発展が抑制されている」という[2]。

延長された死の過程は、**死に至る軌跡** dying trajectories という手法を使って図示できる(**図1-1**)。

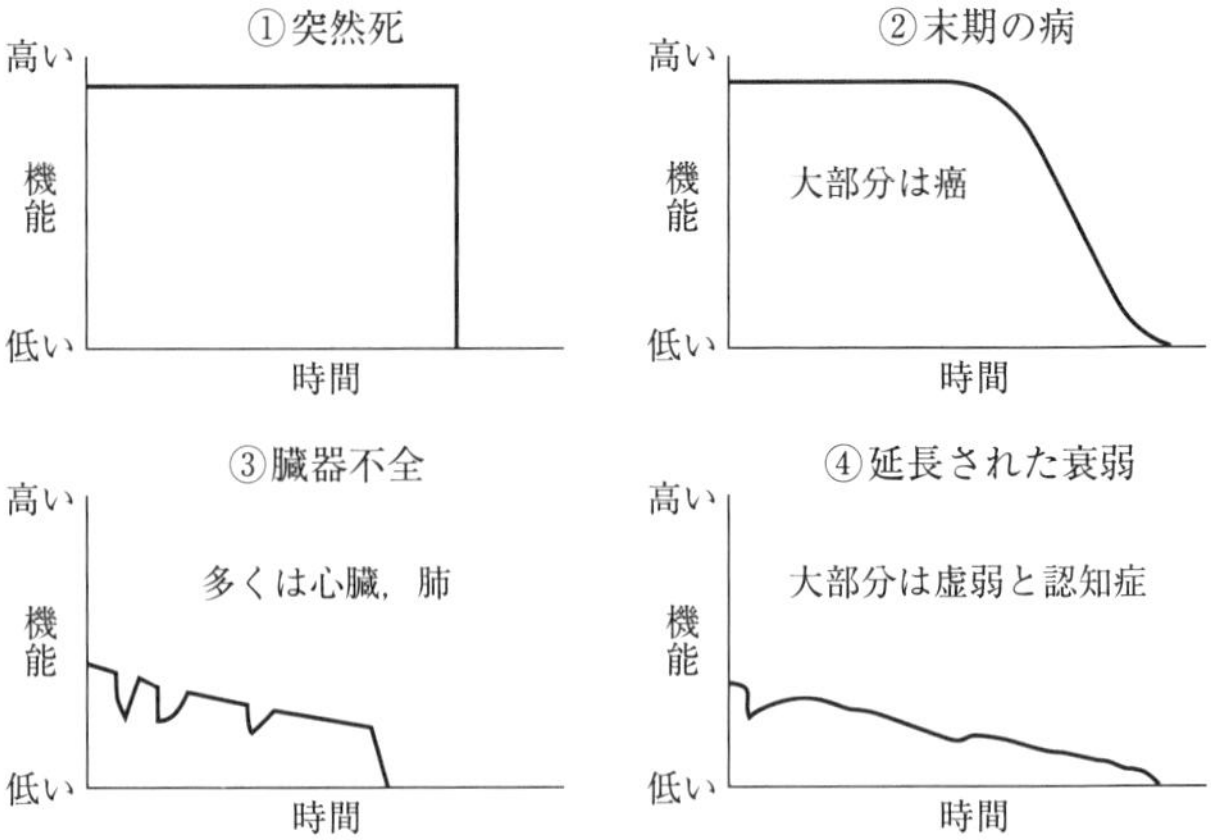

図 1-1　死に至る軌跡
Joanne Lynn and David M. Adamson, *Living Well at the End of Life: Adapting Health Care to Serious Chronic Illness in Old Age* (Santa Monica, CA: RAND Corporation, 2003), p. 8

①**突然死**は一〇人に一人程度しかいない。②癌など**末期の病**では、しばしば機能が数カ月または数年間維持されてから、最期より数週間前に急速に低下する。③**臓器不全**は一連の発作（心臓発作や脳卒中など）で構成され、一つ一つの発作は致命的ではないが、発作後の機能を低下させ、それが死に至る最後の発作まで続く。そのような状態（一つの疾患と限らない）で生活することが何年も何十年も続き、多くの場合、機能がかなり低下し、生活の質と気力が低下する。④虚弱 frailty は、「日常活動のための予備力が年齢や病気とともに減少するにつれて起こる、複数の身体システムの脆弱性である」(Lynn and Adamson 2003: 5)。多くの場合、認知症を含み、「**延長された衰弱**」を伴う。予備力が少ないため、小さな後退はあっという間にエスカレートする。軌跡②、③、④はそれぞれ、現代西洋社会で死亡

する人々の約三割を占めている。軌跡③と④では、死がいつ来るかを予測することはまったく容易でない。ほとんどの西洋諸国では、軌跡②（癌）で死ぬ人々の割合が減少し、一方、軌跡④（虚弱）で死ぬ人々が増加している。

人生最終段階でおこなわれる伝統宗教の儀礼（中世ヨーロッパでは**往生術** ars moriendi と呼ばれた）は、病気になって数日後に死が訪れるのが通例であったような時代に開発された。その数日で、その人は家族および神と和解した。今日では対照的に、人は最終的な死因となりうる、またはなると予想される病気とともに、通常は数カ月、数年、場合によっては数十年も生きる。そして、ロフランド（Lofland 1978）が**新往生術**と呼ぶものが要請されている。これは、死の認知運動および緩和ケアが提供しようと申し出ているものだ（Walter 1994）。しかし、この新しい術は、主に末期が比較的予測可能な癌で死ぬ人々によって開発されてきた。癌患者らは、通常は最後の一日か二日まで完全な認知能力を保持するので、かなりの主体性を保っている。③と④の軌跡をたどっている人々にとって、とくに認

（1）　訳注：英国では医療費は公的財源によってまかなわれ、利用者負担は無料である。しかし、介護費用は原則自己負担で、所得によっては自治体の財源で保障される（コミュニティケア法による）。このような医療費と介護費用に関する公的手当の仕方は西洋でも国によって異なる。なお、「care」という言葉は、死生学では特別な意味を込めて「ケア」と片仮名で訳すことも多いが、介護に特化した文脈では「介護」と訳し、「healthcare」などは慣例に従い「医療」と訳している。

（2）　www.who.int/features/factfiles/health_inequities/facts/en/index4.html〔訳注：二〇一七年四月のアップデートにより、https://www.who.int/features/factfiles/health_inequities/en/ の五枚目のスライド。ここでは数百万人に修正〕

知症〔など慢性疾患〕が関係してくる人にうまく当てはまるような往生術は、まだ開発途上にある。

この章で見てゆくのは、死と死の過程にまつわるこの新しい状況への現代西洋社会の応答の何が悪いのか、についてである。広く言われている主張が二つある。一つは、死についてのわれわれの考えがすべて悪いという主張である。もう一方は、社会構造と組織的なシステムが現代において死にゆくことを格段に難しくしているという主張である。

一　考え方が悪いのか?

1　不慣れ

人類の歴史を通じて、ほとんどの子どもは一部屋しかない住居で育ち、兄弟姉妹や親が感染症にかかって数日で死亡するのを目撃しながら死について学んだ。しかし、一九世紀後半から、北半球では、直接観察による死の学習は、ありがたいことに成長のありふれた一コマではなくなっている。現在ではサハラ以南のアフリカ以外のほぼすべての場所で、階級による違いは残っているものの、この傾向は当てはまる。実際の死の瞬間は、病院または他の施設で発生する可能性が高く、それを側にいて目撃する家族はほとんど、またはまったくいないということもありうる。それに、今日の多様で複雑な死に至る軌跡のせいで、家族はある一つの死から得た教訓を、別の死へ当てはめることが困難になった。どのようなケースの死であれ、家族内で数十年は起こらないということは珍しくない。フランスの歴史家フィリップ・アリエス〔Ariès 1981〕が言うように、近代人は総じて死に**不慣れ**である。このような状況のため、近代人は死に方に関する知識を医療従事者に引き渡してきた。社会学的用語で言うと、死は**医療化**され(Kellehear 2016)、日常生活から**隔離**されてきた(Mellor and Shilling 1993; Bayatrizi and Tehrani 2017)。

それでは、今日の人々はどのようにして死と死にゆくことについて学んでいるのだろうか。今でも祖父母やペットなどが亡くなる折々に、家族内で死についての学びが起こる。それ以外に、近代人はマス・メディアを通じて死を学んでいる。たとえば、メロドラマ、映画、音楽、美術《アート》、そしてハリー・ポッターの小説から死の過程や死別に関する自伝／伝記に至るまでの文学・文献など、これらに描かれた見知らぬ人、有名人、架空の人物の死について、われわれは学んでいる。ニュース・メディアは死について不釣り合いなほど多く取り上げているが、それらは視聴者が直面する可能性のある類いの死ではない(McIlwain 2005; Kitch and Hume 2008; Coombs 2014)。そのようなイメージは、死ぬことがどのようなものであるかについて、非現実的で、多くの場合は過度に否定的な思い込みを作り出してしまう(Kellehear 2014)。もっと相互作用的《インタラクティブ》に、ソーシャル・メディアで育ったデジタル世代 digital natives は、親しい人でも完全に知らないわけでもない人のさまざまな死に遭遇するようになった。たとえばフェイスブックの友人が、自分の亡くなった祖父母や他の親しい人について、あるいはその人に向けてメッセージを投稿したりする。デジタル世代は、友人の友人が亡くなったときのために、新しいオンライン上のお悔やみの言葉を開発している(Walter et al 2011–12)。したがって、人々が死ぬことに気づかないまま大人になったり、オンラインでお悔やみの言葉を投稿した経験がないままに大人になったりすることは、今ではほとんどなくなった。それでも不足しているのは、死にゆく人や死体に物理的な意味で何が起こるか、死にゆく人のスピリチュアル・ペイン、死にゆく人の家族へのケア、葬儀の手配の仕方、身を焦がすような悲嘆の苦しみなどに関する直接的な知識である。二一世紀の子どもたちのほとんどがそのような経験を免れている。これはまったくありがたいことだが、死に関する無知という遺産を今日の市民に引き継がせる結果となっている。この無知は、最終的には自分の両親が死ぬ中年後期まで続くこともある。

2 タブー

死と死にゆく過程について多くの現代人が無知であることは議論の余地がない。議論の余地が大いにあるのは、現代西洋社会では死が**タブー**だという頻繁になされる主張の方である。確かに、なかには個人、家族、仕事や余暇の集団の単位で、死にゆくことと悲嘆についての会話を止めたり、それについて不快に感じたりすることがあるかもしれない。第二章では、現にタブーに囲まれている非常に特殊な二種類の死について説明する（すべての死のタブーをつぶすと主張する人々によって課せられるタブーもある）。そして次のセクションでは、死にゆく人自身より側にいる人の方が、何が起こっているかについて話したがらないことが多いということに注意する。しかし、前段で言及した死と喪失についてのさまざまなメディア表象が示しているように、西洋社会に死のタブーが広まっているという証拠はほとんどない。死は新聞、本、映画の売れ行きをかなりよくしてくれる。周縁的なものとは程遠い。それは西洋のメディアの資本主義経済にとって欠かせない。または高等教育・大学教育を考えてみよう。私と同僚が教える死に関する社会科学モジュール〔英国の履修単位〕は、学生からはユニークで興味深いと思われるようなものとなっている。しかし、私の知る限り私の同僚も、また私も、タブーを破ったことで制裁を受けるようなことはない。これとは違うかもしれないのが中国文化である。正月の期間には、死や不運をもたらすような不吉なもの一切について話したり、考えたりすることは受け入れられない(3)。

3　否認

社会的タブーがあるかないかを見抜くのはかなり簡単だとして、死が**否認**されているという別の主張——フロイトによって同定された無意識の防衛機制の一つとしての否認——は、検証するのも反証するのもはるかに難しい。自分の死すべき運命を否認する個人はいてもおかしくない。もっと複雑なのは、社会一般、またはとくに近代社会が死を否認しがちだという議論である。無意識の防衛機制を個人から社会に拡張することには問題がある（Kellehear 1984）。にもかかわらず、文化人類学者アーネ

（3）　訳注：本書を原書でともに読んだ複数の中国出身の学生によれば、正月の期間においても亡くなった家族のために食べ物を捧げる習慣が広くあり、また中国の東北出身の複数の学生の家では、亡くなった家族のための席が食卓に設けられ、一緒に新年を祝うという。死者でさえも新年を祝わなければならないという点では、正月に否定的なものを持ち込まないタブーとみることができる。しかし、彼らは、この習慣を死のタブーとは言えないと感じていた。日本では死者が出た家庭では喪に服して新年を祝わないという習慣があり、死のタブーの現れと言える。しかし、当該家族の一般社会からの隔離というより、死者が出た家なのに新年を祝うのはおかしいという圧力だというのが日本人の実感であり、厳密には死のタブーではなく、祝福のタブーと言えるだろう。

スト・ベッカーErnest Beckerの『死の否認』(邦題『死の拒絶』)という本が一九七三年に出版されて以来ずっと、この考えは人々に受け入れられてきた。ベッカーは次の三つのことを仮定した。第一に、人間は自分自身の死すべき運命mortalityを恐れている。第二に、この恐怖はあまりにも恐ろしいので、抑圧されなければならない。第三に、この死の抑圧は、文化、政治、道徳、その他、社会生活の諸側面を根底から形作っている。

ベッカーは、死の運命の抑圧は(フロイトが示唆したように)性欲の抑圧よりもはるかに個々の人格と文明の両方を有害なかたちで突き動かしていると主張した。彼は次のように述べている(p. 53)。「人間が置かれている状況の皮肉は、もっとも深い望みが死と無に帰することの不安からの解放だということである。しかし、その不安を引き起こすのは人生そのものである。そこで(不安を消すためには)、私たちは人生を十全に生きるということから撤退しなければならなくなる」。死の不安は、宗教という幻想による安心がなくなった近代世俗社会に特有の混乱をもたらしていると見なされる。ベッカーの命題は一五年後に**恐怖管理理論**Terror Management Theory(TMT)を生み出し、その後、世界中で五〇〇を超える社会心理学の実験でテストされた。たとえば、人は自らの死の運命を想起させられると、ナショナリズムや外部集団に対する偏見などの文化的価値観を信奉することで自己評価を守ろうとする、などということがテストされた。社会学者のジグムント・バウマン(Bauman 1992)もベッカーに依拠して、人間は文化を構築することによって、自分の有限性と死の認識に対処していると論じた。

ベッカー理論をもっと限定した議論によれば、有限性の認識が普遍的だとしても、恐怖が普遍的に引き起こされるとは限らない。恐怖が優勢になるのは、特定の社会的または心理的な状況においてだというのである。たとえば、メラーとシリング（Mellor and Shilling 1993: 414）は、社会学者のピーター・バーガーとアンソニー・ギデンズに依拠して、後期近代には「アイデンティティと身体に関連する問題を重視するほど、自己が存在しなくなるという考えに対処するのが難しくなる」とした。グナラトナム（Gunaratnam 2013）は、高齢移民が経験する〔死の〕恐怖は、喪失、虐待、一回以上の長期間にわたる迫害などが累積した経験にもとづいている可能性があると主張している。マルコム・ジョンソン（Johnson 2016）は、自分の人生をきちんと生きられなかったという思いのために、一部の高齢者が自らの最期をどれだけ恐れるかを観察している。これらすべての著者たちが、自己の死への恐れは普遍的なものではなく、特定の社会的または個人的な状況から生じるものだと認めている。ライフサイクルの観点から付け加えると、自分自身が存在しなくなることへの恐怖は青年期にとくに顕著になる可能性があるが、安定している老年期ではずっと低い。

対照的に、タルコット・パーソンズは、二〇世紀のアメリカは、人間の死の運命、死亡率を直視し、既知の唯一の方法でそれを管理したと主張した。つまり、生命保険や公衆衛生などの実践を通じて合理的かつプラグマティックに対処したのである（Parsons and Lidz 1963）。数十年後、フィル・ズッカーマン（Zuckerman 2008）は、彼が世界でもっとも世俗的な社会と考えるデンマークに住んでいる人々は、宗教の支えをなくして死を恐れるどころか、実際には、驚くほど平穏に死を迎えていると主張した。(4)

他の学者は、典型的な近代の不安として、自己の死より他者の死に注意している。アリエス（Ariès 1981）は、西ヨーロッパの歴史の各時代は、異なる死のパラダイム――彼が**心性** mentalités と呼んだもの――によって特徴づけられると論じた。中世後期とルネサンスを支配していたのは私の死への恐怖だった――「私が死んだとき、私はどうなるのか」。しかし、一九世紀には、ロマン主義運動[5]が汝の死という別の問題を強調した――「生きる意味が(配偶者や子どもの)愛にあるのなら、あなたが死んだとき、私はどうなるのか」。今日、多くの人々は、長く健康な人生を享受した後に死ぬなら、恐れるべきではないと考えている。だが、前例のない寿命のせいで、親しい家族や友人との関係が深まり、喪失はより大きな不安となっている(Blauner 1966)。死についてもっとも恐れていることについて西洋人を対象に世論調査をすると、ほとんどすべての集団(国・地方など)で、親密な人を失うことへの恐怖が自己の死への恐怖を上回る。そして、人々が人生の終わりに近づいているとき、旅立ちが差し迫っているのを認めたがらないのは、彼らの周りの人々であることの方が多い。このような証拠から、自分自身の死への恐怖がどれほど普遍的であるかは疑問だし、それより他者の死への恐怖が今日では優位であることが示唆される(Walter 2017)。

　心理学における**愛着理論**は、他者の喪失の方が普遍的な重要性を持っていることを示唆している。子どもたちは時が来れば自分の死すべき運命を自覚するようになるとはいえ、他者の喪失を経験することの方がはるかに早い。小児にとって最大の恐怖は、母親の不在(それが実際に起こらなくても、また一時的でも)を経験するということなのである。精神分析家のなかには、乳児がこれを自己の死として経験すると考えるものもいるが、端的に言えば、他者の不在という絶対的な恐怖の方が、自己の消滅の意識的な予想よりも先に起こるということである。乳児にとって明白な最初の恐怖は、自己の非存在ではなく、母親の不在によるものである。健康な子育ての場合、母親的人物への安全な愛着があれば不在はやり過ごすことができる。残念ながら、ＴＭＴ実験は、他者の死ではなく、自己の死の認識に焦点を合わせてしまったのだが。

総合的に見ると、個人、社会、政治を結びつけようとするベッカーの野心は素晴らしいが、もっと簡単に不慣れとして説明できることが多いのに、否認理論を重用しすぎる。つまり、多くの人が何十年も享受する健康の方に慣れ親しんでおり、通常多くの人は、死を否認しているというより、死が視界に入っていないのであり、したがって念頭にもないということである。自らの死すべき運命を否認する人もいるかもしれない。だが、それよりも多くの人が遺言を書き、生命保険に加入し、それでいて生活を続けている。これでは、死を否認する社会とまでは言えない。

とはいえ、それは、見せかけ、あるいはうわべの支配的価値観への追従かもしれない。それにこの分野では証拠も混乱している。一方では、中年期に命にかかわる病気をしたり、臨死体験 near death experience（ＮＤＥ）をしたりしたことで、自分の価値観を見直し、人生にとって本当に重要と考えることを推奨する規範を「ロマン主義」的な悲嘆の規範としているようである。

（4）キエルスゴール・マルクッセン（Kjaersgaard Markussen 2013）によれば、デンマーク人の死への対処は、ズッカーマンが言うほど非宗教的ではないという。

（5）訳注：ロマン主義は、一八世紀末から一九世紀初頭にかけて美術・音楽・文学・哲学に起こった運動で、理性・思考・社会秩序より感性・想像力・自然回帰に価値を置く。それに加えて社会学は、一生に一人だけの伴侶と恋に落ちた上で結婚し、添い遂げるロマンティック・ラブのイデオロギーを分析対象としてきた。本書では、死に別れた配偶者や子どもに対する死を超えてなお続く愛着、およびそれを表現することに改めて注目するようになったと報告する人が大勢いる。彼らは生き残った後、もっときちんと生きるために仕事を変えたり、離婚したり、引っ越ししたりするようだ（Kellehear 1996）。死すべき運命に照らして生きることは確かに悪いことではない。そのことは詩編九〇章も三〇〇〇年前に説いている通りである。「残りの日々を数えるすべを教え、知恵ある心を私たちに与えてください」（聖書協会共同訳）。一方、「人生のおさらい《ライフ・レビュー》」を多くのアメリカ人が老年期に実施しており、順調にいけば、彼らの人生（結婚、家族、職業）が十分に良いものであることを確信し、静かに人生最終段階に進むことができるという（Butler 1963）。英国では、人生中心の葬儀（第五章一節参照）というものがあり、通常、故人の人生が単なる「十分に良い」もの以上であったことを服喪者に確信させる（Walter 2016b）。このように、死の認知は、消費主義的ないたちごっこへの参加に異議を唱えるか、妥当だったと宣言するかのどちらかになる。

　とはいえ、死の認知運動は、一九六〇年代の対抗文化《カウンター・カルチャー》の思い入れを引き継いできている。つまり、タブーは破られるためにそこにある、否認と抑圧は悪いことだ、感情は認められるべきだ、というものである。このように構えたら、死の否認と抑圧に証拠があるかなど誰が気にするだろう。リン・ロフランドが一九七八年に鋭く指摘しているように、死が否認されているというマントラ（繰り返される言葉）は、解放運動としてのオーラを付与する。第二章ではこれをさらに掘り下げてゆきたい。

二　社会構造が悪いのか？

近代西洋における死に方に対するもう一つのよくある批判は、それを取り巻く社会構造と組織システムに向けられたものである(Sudnow 1967; Foucault 1973; Illich 1975; Kaufman 2005)。ロフランド(Lofland 1978: 83)が述べているように、死の過程が引き延ばされていることが問題とされ、それは「多くの現代人にとって、死ぬまでの時間のかなりの部分を病院で費やすことを意味する。そのあいだ、医学的な実践と信念のコントロール下に置かれ、医学的官僚制によって合理化された関心事によって統制されることになる。(死の認知運動の)支持者と共感者は、こうした差配に不満を表明してきた」。問題は数多く指摘されている。

1　宗教と共同体

産業革命以前は死がもっとうまく処理されていたはずだ、と考えられることは多い。普通、この意見には二つの要素がある。第一に、人々が小規模な共同体に住んでいた時代には、死にゆく人は、他の人が自分と同じ感染症で死亡するのをすでに目撃しており、自分自身の死の兆候を認識することができた。それだけでなく、なじみのある共同体内の自宅で死ぬことも承知していた。確かに、死はしばしば老年期の前に生じ、そうして死ぬ人は近代の疼痛緩和にアクセスすることができなかったが、彼らは孤立していなかったし、隅っこに追いやられてもいなかった。彼らは病院に追いやられることなく、自宅に何十人もの見知らぬ専門家が侵入することもなかった。第二に、死に意味を与えるような信念および／または儀礼行動の枠組を宗教が提供していたと推定されている。今日では、対照的に、臨終場面を特徴づけるのは無知、そして事態を意味づけるための格闘(「なぜ私なんだ。まだ数年しか隠退生活を楽しんでいないのに！」）、およびアノミー——何をしたらよいかについての無規範と不確実性の感覚——である。

過去の死をロマン主義的に思い描くのは安易だ。私個人は、一八世紀に一三歳でコレラに感染して在宅死するより、二一世紀に九三歳で虚弱状態になって病院死する方を望む。世俗化は死と喪失を難しくするというのも、証拠が明快ではない。宗教的であろうと無神論的であろうと、強い信念や哲学を持っていれば、死ぬことや悲嘆の際には十分に役立つようである。物事を難しくしているのは、一世代から二世代にわたって続くような世俗化のプロセスである。たとえば子ども時代の信仰を失ってはいるが教会にまだ支え合い《サポート》を期待するような高齢者がいたとしても、教会はもはや支え合いを提供していないということがある（Coleman et al 2015）。さらに深刻なのは、死にゆく人々を取り巻く今日の状況である。彼らは不慣れな場所で見知らぬ人々に囲まれ、祖母や妹ではなく、もっぱら患者として遇されるのである。

2 医療制度

各国の医療 healthcare 制度は、組織と資金の面でさまざまだが、ほとんどが何らかのかたちで苦境に直面している。米国では、提供者と保険会社が複数あることで、かなりの管理コストが発生し、サービスの連携が損なわれている。その一方において、貧しいアメリカ人たちが利用できるサービスが大幅に削減され、国民の健康の質が低下し、同等の国よりもはるかに巨額の費用がかかっている（Lynn and Adamson 2003）。訴訟の恐怖のせいで、費用がかかるだけでなく、死が近づくにつれて生活の質を損なうような、大胆だが無益な治療がなされる可能性がある（Kaufman 2005）。対照的に、英国では、**国民保健制度** National Health Service（ＮＨＳ）の資金が、同等の国の医療制度に比べて乏しく、頻繁におこなわれる政治主導の改革に苦しんでいる。

医療費のかなりの割合が人生最後の年に費やされることを考えると（Aldridge and Kelley 2015）、システムへの負担は死に近づいている人に偏《かたよ》っている。ベビーブーム世代が人生最終段階に近づくにつれて、医療の需要はさらに増加する。それに応じて、税金であれ保険料であれ、支払う側の労働人口は減少する。すでに英国では、介護施設《ホーム》であろうと自分の家《ホーム》であろうと、虚弱な高齢者の社会的介護には不適切なほどの資源が割かれておりこれまでにない圧力を医療制度にかけている。驚くことではないが、人生最終段階に近づいている英国人の介護に関して、近年いくつかのスキャンダルが起こっている。二つだけ言及しよう。二〇〇五年から二〇〇八年にかけて、ミッド・スタッフォードシャー病院では、経営目標と経済的および政治的な圧力が労働慣行に行き渡った結果、スタッフが個人別に介護をおこなう時間が大幅に減少した。高齢者を中心とする数百人の弱った患者が、ひどい基準の「介護」に苦しんだ後、早すぎる死に至った（Francis 2013）。二〇一一年には、七五二の介護施設の運営者であるサザン・クロスが破産し、一貫性と信頼性の高い居住型高齢者介護を提供する能力が民間部門にあるのか疑問の声が上がった（Scourfield 2012; Lloyd et al 2014）。同時に、英国の緩和ケアは世界でもっとも優れていると判断されているが（EIU 2015）、死にゆく英国人のごく一部しか恩恵を受けていない。癌で死にゆく人々に対する緩和ケアが良好だとしても、虚弱な高齢英国人に衝撃を与えた人生最終段階ケア〔医療・介護〕のスキャンダルの根底にある資源問題や構造的緊張の解決につながるものではない。

3　抽象的システム

さらに深い批判としては、たとえ十分な資源としっかりした構造があっても、医療機関は大規模で複雑な官僚組織にならざるをえず、そこに働く人々、そして患者や家族もそれを完全には理解できない、というものがある（Kaufman 2005）。これは、たとえ有能で思いやりのある職員であっても、彼らの意思決定は患者のニーズよりも組織の制約（しばしば隠されている）を反映することが多いということである。自分らしい最期に向きあおうとする人が病院に来て気づくのは、自分がこれまでに出会ったことがないような複雑で難解な組織システムに自分が絡め取られているということである（Walter 1994）。フォング（Fong 2017）が論じているように、三つの強力な制度である医学、市場、メディアが、現代における死と死にゆくことの理解の枠組を構成しているのである。

4　医療化

おそらくもっともよくなされる「システム」批判は、医学はそもそも病気を治すように立て付けられているので、死を考えるための最良の枠組、または死の過程を管理するための最良の環境を提供しないというものである（Illich 1975; Bauman 1992）。たとえば過去の文化のほとんどが死を「死神」として擬人化してきたのに対し、現代医学はそれを数百の病状へと脱構築する。死にゆく人の容態を見舞い客が尋ねるとすると、医療従事者だけでなく家族までもが医学的に説明しようとする。ケリヒア

(Kellehear 2016)は、医療化は死にゆく人々を不適切なシステムや組織内に入れ込むだけでなく、間違った考えを形成しているとも論じている。それをケリヒアは神話と呼ぶ。その一つは、医療救助の誘惑である。治療の希望が薄れ、いよいよ死に近いと認識されると、治療以外の医療救助策が行動に移される。すなわち、緩和医療、安楽死医療(特定の国における)、救急医療、介護施設などである。死にゆく過程は医学的な出来事になる。医学が役割の一つを果たすだけの自然な出来事ではなくなるのである(第四章を参照)。

医療化は死後にも及んでいる。現代の墓地と火葬炉の設計は、宗教上の理由よりも公衆衛生と環境への配慮によって決定される。今や、魂の旅立ちを手伝うより、生きている人間の健康を守ることの方が重要なのである。死後の数カ月から数年にわたって続く死別においても、ある程度の医療化が進んでいる。死別に苦しんでいる人々は、他の専門家よりも医師に相談する可能性が高い。というのも、死別研究および死別ケアの開発は、医学の専門分野である精神医学によって実質的に形作られているからである。このように遺体処理と服喪は健康上の問題になっている。

死の過程の医療化に対する批判は、最近、死の過程は社会と共同体の責任と見るべきだという代替案に辿り着いている。**障害の社会モデル**によれば、身体的または認知的な状態よりも社会がどのように扱うかによって、人は障害をもたらされる。それと同様に、死の過程への慈悲共同体のアプローチは、「共同体」に関するノスタルジックな考えに戻ろうとする試みではなく、死にゆく人々(と遺族)を共同体内に統合しようとする試みである。このアプローチについては第四章で考察するが、医療化批判と同様に、間違ったシステムと間違った考えが連動していると見なしている。

問い

先進産業社会における死と死にゆくことの何が間違っているのかについて、さまざまな診断が紹介されたが、あなたはこれらをどのように評価するか。他にも、この章で特定されていない要因はあるだろうか。

第2章
話すのは良いこと？

死に方は大事――死について話しましょう（英国の「死に方は大事《ダイイング・マターズ》」連合のスローガン）

死が不慣れなままであったり、タブー視されたり、否認されたりするのを問題だと認識する人々（第一章で示した「間違った考え」陣営）は、話すことが決定的な解決策だと見ていることが多い。これまでタブーだったことについて話せば、人々は次のことをできるようになる、と彼らは信じている。

- 人生最終段階に望むことのために、自分自身、家族、医師が準備できるので、よりよい死を迎えることができる。
- それまでのあいだ、死期がどの程度近いのかを踏まえて、より自分らしくauthentically 生きることができる。
- 社会を人種差別、唯物論、その他の社会的な害悪から守ることさえできる。というのも、これらは社会が死を否認することで引き起こされていると思われるからだ。

この「話す」という課題は、死の認知運動を長い間特徴づけており、その最新型は英国の保健省が資金提供している**「死に方は大事」連合**に見られる。また、世界的に急成長中の**デス・カフェ**運動では、見知らぬ都会人が落ち合い、コーヒーとケーキを挟んで、一、二時間死について話し合う。

この章では、医療現場、家族同士、デス・カフェ、その他の状況において、死と死にゆくことについて話すことの利点というものについて、もっと醒めた目で見てゆきたい。最初に、話すべきだというくつかの正当な理由から始めたい。その後、話すべきなのか、いくつか疑わしい理由について見る。そして最後に、話すことの効果にも限界があることを示す。

一　話すべきだという正当な理由

個人や家族、共同体、社会全体などが死について話すべきだという理由として非常に正当と思われるのは、死の意味の変化である。世界のほとんどの地域で、人間は長生きするようになっており、両親、祖父母、曽祖父母とは異なる亡くなり方が多くなっている。感染症による死者の減少に伴い、二〇世紀半ばの西欧諸国では、癌が社会の脅威と個人にとっての恐怖の第一位になった。二一世紀において、認知症による、または認知症を伴う長引く死に方は、おそらく癌と同等の恐怖と課題になりつつある。死後についてだが、多くの西洋諸国では慣習としての宗教が弱体化したため、伝統的な葬儀にほとんど意味がないと思う服喪者が増えている。それとは別に、世界中でソーシャル・メディアが服喪者同士の相互作用のかたちを変えている。関心のある人や知識のある人と話をすることは、この進化する光景のなかで生き方と死に方を模索する際の一コマとなっている。

先祖たちのように死んだり、葬儀をしたりすることを望まない人なら、自分の人生最終段階における選好を表明しておくメリットはある。このあとすぐに見てゆくが、そのような望みが実現される保証はない。しかし、自分の望みについて、家族であれ、医療の専門家であれ、一緒に話し合い、明確化すると、コントロールの感覚が高まるという証拠がかなりある。

北米および北欧の医師は、二〇世紀半ばに比べて、末期癌の診断を患者にオープンに話すようになっている(Novack et al 1979)。とはいえ、このオープンさは、心臓病や循環器疾患や認知症など、他の主要な死因には適用されていない。おそらく死のタイミングの予想が癌に比べるとずっと難しいからだろう。個人が自分の運命に責任を持つことが期待される国では、医療従事者のオープンさが高まることで、患者や家族が生き方やケアについてより十分な情報にもとづいた決定を下せるようになるという証拠がある。多くの国、たとえば東欧・南欧・アジアなどの国で、病人は医師や家族の意見に従うものだと見られている。そのような地域では、医師が家族ではなく末期患者に包み隠さず話をすることについて賛否がはっきりしていない(Maruyama 1997)。

ベビーブーム世代たちの一部は、医学、メディア、商業が死の公的な枠組を作っている状況でも自分の人生をコントロールしたいと思っている。彼らは、死についての自分なりの理解を主張することが解放をもたらすと考える傾向がある。そのために、たとえばデス・カフェで話をしようとしたり、幇助自殺であれ遺体処理法であれ、その具体的な実施形態をコントロールしようとしたりする(Fong 2017)。

死と死にゆくことに関する自分自身の恐怖について話すことは、事前においても死期に際しても、本人が話したいときに周囲が耳を傾ける意思がある場合にとりわけ助けになる。死期が近い場合、家族や友人は話すことで別れを告げられる。それができないと後悔が生じ、そこに死別の悲しみも加わるかもしれない。差し迫った死を認めようとしない親族は、死にゆく人の孤独感を増す可能性がある。対照的に、死をオープンに認めることは、より親密な関係をもたらす可能性がある（Elias 1985）。役に立たないのは、一人または複数の関係者が準備できていない、または嫌がっているときに、そのような内奥の問題について話すべきだと圧力をかけることである。

二　話すべきなのか疑わしい理由

良い死を遂げたかったら、末期の病状に陥る前に死に方について話をしたり、望みを告げたりすることは必須だと主張されることは多い。地域共同体の人々に人生最終段階の問題を考えたり、調べたりするよう勧めている住民の一人は、次のように言っている。「人々の願いが無視されたり、果たされなかったりする最大の理由は、会話がないということです」[6]。しかし、この主張の証拠は乏しい。証拠があるとしても、異なる証拠が混在している。人生最終段階のプランを文章にしておくと望まない入院を減らすことができ、希望する場所で死ぬ人が多くなるということを示す研究は確かにある。だが、効果がないと示す研究もある。とりわけ、医療組織運営のための組織上および財政上の制約が壁になっている。構造的要因が個人の主体性を押しつぶすことの方が多いというのである（Kaufman

（6）　www.finity.org.uk〔現在はリンク切れ〕

2005)。システム側が患者に何かを選ぶように要求するのは、たいてい特定のタイミングに限られ、許されるのは特定の選択に限られる(Kaufman 2005)。これが証拠の混在を説明する。望みを明らかにする必要があるのは、それを記録するため、処置の内容を決めるためで、必要なときに、必要な人に対してである。ケアの設定も違いをもたらす可能性がある。癌のホスピス患者が作った人生最終段階ケアのプラン〔アドバンス・ケア・プランニング〕は、実行される可能性が高い。それに比べて、虚弱な高齢者が作った、または誰かがその人の代わりに作ったプランは実行される可能性が低くなる。なぜなら一つの危機(たとえば肺炎)が終わったと思ったら、別の危機(たとえば転倒)が続き、病院にいたり、いなかったりするからだ。

もっとドラマチックな主張もある。死の運命に直面し、それについて話すことが西洋文明を救うという主張である。英国のデス・カフェ運動の創設者であるジョン・アンダーウッドJon Underwoodは、恐怖管理理論(第一章を参照)をそのまま受けて、消費社会は、われわれが永遠に生きるだろうという幻想につき動かされているとする。[7] つまり、死の否認は資本主義を推進していることになる。したがって、デス・カフェで死について話すことは、より持続可能な社会の構築に役立つ。二度と会わないかもしれない見知らぬ何人かの人と九〇分間話をすることが、経済革命、さらには資本主義終焉への近道になるというのは、胸が熱くなる考えだが、あまりに大げさな主張である。

万人が死について話すことを奨励する道徳的起業家たちは、タブー破りをもてはやす。この儀礼的とも言えるタブー非難には、少なくとも三つの機能がある。第一に、もしタブーがなかったら誰もが自然に死と死にゆくことついて話しただろう、という主張が含まれている(Armstrong 1987)。単に人々が話すべきだと言っているのではなく、話すことは自然だと言っているのである。第二に、いくつかの場面で、またボランティア組織で、この儀礼的な非難は、タブーを破る勇気が十分あると自負する人々を結びつける。ここには気持ち良さという要素があるのだ。第三に、死のタブーが敵だと特定されると、それを破壊するために一緒に集まっている人々は、道徳的な十字軍に参加しているのだという自覚を持つようになる(Lofland 1978)。社会全体に死のタブーが広がっているという証拠は不十分である(第一章)。それを踏まえると、社会学者のロフランドが言うように、少なくとも一九六〇年代以降定期的になされている想像上のタブーに対する非難はもちろん、死のタブーの同定は社会科学というより、活動を動機づけるレトリック、具体的には話をするよう駆り立てるための方便だと理解しなければならない。死について話す理由として、タブー打破は心理的には効果的だが、客観的には疑わしい。話をするべきだというもっとましな理由は、この章で最初に挙げたものである。つまり、いま死の意味することは、一世代や二世代前に死が意味していたこととは違うのだから、人間はともに新しい往生術と服喪術を開発しなければならない、ということである。

たとえば、デス・カフェやブログで見知らぬ人に死について話すことを選択する人は、自分の家族や友人たちのあいだに、死のタブーが現に存在するからそうしているのかもしれない。オフラインでもオンラインでも見知らぬ人と話したら、家族や友人や主たる医療従事者と死について実際に話しやすくなるだろうか。これはまだ研究されていない。死の認知グループへの参加は逆の効果をもたらす

(7)　二〇一三年九月二四日、ロンドンのカムデン・コレクティヴでおこなわれた集会での発言。

可能性もある。つまり参加者が持っている会話への願望を堅固なものとし、かえって家族からいっそう疎外される結果につながる可能性もあるということである。どちらが正しいか、私たちはまったく知らない。

三　話すことの限界

西洋でも、ある特定の国では、国内法やアイデンティティ政治の影響で、次の二種類の死について話すことが非常に困難である。つまり、安楽死（違法な国における）と中絶への後悔（米国などソーシャル・メディアに精通した宗教ロビー集団のいる国では）である。近代社会における死について話すことへのタブーが、一般論として社会からなくなったとしても、個別のタブーは国ごとに残る。

1　安楽死

アメリカの人類学者フランセス・ノーウッド（Norwood 2009）は、オランダの総合診療医が死にゆく患者を家庭訪問するのに同行し、貴重なエスノグラフィを残した。彼女は、オランダの安楽死の多くが、殺害のプロセスより話し合いのプロセスに終わっていることを発見した。容態が極度に悪くなった場合に安楽死の希望について医師と会話を始め、それを継続する末期患者のうち、実際に安楽死を経る人はごく少数だという。そして、末期状態ではない人々のあいだで、安楽死を望むかもしれない状況について友人、家族、および医師に話すことは、オランダでは普通の会話の一部である。それは、オランダ人に彼らの価値観、倫理基準、愛、誠実さについて話すための言語を提供する。

英国との違いはこれ以上ないというほど大きい。人生の終わりに近づいている高齢英国人が家《ホーム》についてどのような感情を持っているのかを研究するため、私の大学に博士課程のオランダ人学生が来た。オランダ社会では、いつ死ぬべきかという話をするのは普通のことと考えられていた。ところが、高齢英国人との会話では、そのような話はするとしてもきわめてまれであることを、その学生は発見して驚いた。彼女は、英国に来る前は当たり前だと思っていたのに、それを話すことについて、自分が気まずく感じるようになっていると気づいた（Visser 2017: 8–9）。もっと公的な動きに注目すると、緩和ケア従事者や「死に方は大事《ダイイング・マターズ》」などの推進者たちは、人々がどこで死にたいか家族や医師に話すことをすすめている。「ケアを望む場所」を文書化し、そこで死ぬことが、良い死の指標の一つとして使用されるようになっている。人々がいつ死にたいかについては、これらの推進者たちは話すことをすすめていない。というのも、それが、英国で違法である安楽死の論点を浮かび上がらせることになるからである。このように、タブー打破に誇りを持っていたはずの推進派の一部は、このかなり現実味のあるタブーと結託し、それを強化する手助けすらしている。英国で安楽死を合法化すべきかどうかは、非公式的な議論やメディアの議論で論点になることが多い。だが、医療従事者は個人が死の運命と折り合いを付けようとする際に、また最期の日々の計画を立てる際に、安楽死をその一部として考慮することから目をそらすよう誘導している。

2　中絶

沈黙する理由が十分にある別の種類の死は、中絶、とくに後悔をともなう中絶である。中絶が宗教的なアイデンティティ政治の強力なシンボルになっている米国には、妊娠中絶について二つの主要な言説がある。中絶は女性の選択の権利であるという言説と、命を奪う点で中絶は罪だという言説である。最初の言説は、中絶を選んだ人のなかにも敬虔な信仰者がいて、それゆえ中絶を後悔し、深く苦しんでいるという可能性をめったに認めない。これは社会科学の研究に反映されている。流産、死産、乳児喪失の感情的コストは広く研究され、注目されてきたが、中絶に関連する感情的コストは少数の例外をのぞけば（Lee 2003）、無視されている。二番目の言説は、中絶した人に、告白し、神の許しを見出すようすすめる。中絶を後悔しているが、キリスト教の言説を受け入れることができない女性は、したがって、どこにも向かうことができない。選択尊重派《プロ・チョイス》運動の方は聞く耳を持たず、生命尊重派《プロ・ライフ》運動の方は、本人が助けにならないと思う答えを提供する。これらのアメリカ的言説は、インターネットと英語圏のソーシャル・メディアを通じてグローバルになった。そのため、オンラインで助言を求める他国の女性にも、アメリカ的中絶政治の二極化が影響を与えている。

日本ではこれと対照的に一九七〇年代以降、流産した胎児のための儀式である水子供養が発達した（Lafleur 1992; Klass and Heath 1997）。日本は謝罪の言葉が社交のきっかけに使われることがある社会である。(8) この儀式は母親が胎児に謝罪することを可能にする。現在、多くの仏教寺院の参道には、片親または両親の布施によって奉納された赤ん坊の像〔水子地蔵〕が並んでいる。親たちの動機は謝罪だけでなく、悲嘆、水子の慰霊、罪悪感、または水子霊の祟《たた》りへの恐怖をも含むだろう。さらに広い社会背景としては、狐、家畜、仕立屋の針など、破壊または廃棄されたものに謝罪するために祠《ほこら》や碑を設置する慣行がある(Kretchmer 2000)。水子は、このような伝統から理解できる。つまり、日本では中絶が政治化されていないのである。

3　他の限界

死について話す上でまったく異なる限界がある。それは、いつどのように死ぬかはほとんどの人にとって不確実だということである。私は自分が遅かれ早かれ死ぬことは知っている。しかし、健康な六八歳の私が、いつどのようにして死ぬのかほとんどまったくわからない。また、その時点で私の家族やその他の状況がどうなっているかもわからない。したがって不思議なことに、死ぬ過程より死んだ状態についての方が、知識もあり、話すのがずっと気楽である。二〇一三年のキャンペーンで、「死に方は大事《ダイイング・マターズ》」は五つのことを英国人にすすめた。「遺言を書く、葬儀に関する希望を残しておく、将来の介護と支援を計画する、臓器のドナー登録を検討する、愛する人に願いを伝える」。重要なのは、これら五つのうち三つ(遺言、葬儀、臓器提供)は、死亡後に他の人がするべきことに関するもので、一つは非常に一般的であり、一つだけが人生最終段階ケアに関するものだということである。同様に、

---

(8)　訳注：著者ウォルターに確認したところ、「すみません」「ごめんください」という挨拶が訪問などのときに使われるということを念頭に置いているようだ。

デス・カフェでの会話には、自宅葬、エコな埋葬、葬式貧乏など、葬儀に関する議論が頻繁になされている(Fong 2017)。

死について話してもいいというのは良いメッセージである。しかし、これは誰もが常に死について話さなければならないという意味ではない。死について話したくないという人もいる。話すのはよいが、特定の側面については話したくない、今は話したくない、このグループでは話したくない、家族のなかでもこの人とは話したくない、この医療従事者とは話したくない、という人もいるだろう。そして、彼らは話をしたくないからといって批判されるべきではない。多くの退役軍人は、兵役についてどうしてもよくわからない部分が残る家族に戦時中の経験を話そうとしない。だが、毎週金曜日の夜に退役軍人クラブでビリヤードをプレイすることは大事にしているかもしれない。死や喪失やトラウマについて話さなくても、理解ある他者とともにいるだけでいいのである。ホロコーストの生存者に関するある小規模な研究では、戦後の生活に適応できた人々は収容所体験について話さないだけでなく、その夢を見ることさえなかったという。自分の経験を忘れてはいないのだが、彼らは「起きているときも寝ているときも、監禁されている間に感じていた……感情が再び侵入しないように遠ざけていた」(Kaminer and Lavie 1993: 345)。抑圧は非常に効果的な防衛機制となるのである。

問い

死について話すのは良いことだろうか。そうでないかもしれないのはどのようなときか。

第3章
もっと良い死に方？

現実と期待とのあいだに、存在し続けるというのは大変なことである。まして選択など。現実的な選択か、空想的な選択か。役に立つ選択か、迷惑をかける選択か（緩和ケア医、ケビン・ボルスター）。

第一章では、社会が経済的に発展するにつれて、死に方のパターンがどのように変化するのかの概略を示した。感染症にかかって数日間で死ぬというパターンは廃れ、自分または家族の癌、認知症、心臓または肺の病気と数年間も生きるというパターンが人々に残された。この期間のおかげで、新種の死に方だけでなく、新種の生き方も可能になった。これに応じて、新往生術 new craft of dying（Lofland 1978）、あるいはより正確には新しい死生の術 new craft of living-dying（死にながら生きるための新しい術）が、とりわけ英語圏の国で開発された。

この新しい術は三つのことに根ざしている。第一に、ホスピス・緩和ケア運動における癌で死にゆく人々との連携という経験である。癌は、認知能力をめったに損なわず、比較的明確な軌跡を辿る疾患である。第二に、自分の人生を選ぶ自由を含むベビーブーム世代の価値観である。第三に、とくに医療に現れている新自由主義的な政治イデオロギーである。これらはそれぞれ、自分の人生について十分な情報にもとづいた選択 informed choice が積極的にできる個人としての行為主体を想定している。この三つが融合して新往生術が出来上がってきた。その特徴は、オープンなコミュニケーション、選択、コントロール、他者による寄り添いのある自然死である。これらの特徴は人生最初期の新誕生術と響き合っている。緩和ケア、ベビーブーム世代、新自由主義的な医療によって推進されているこの術は、癌以外の病気で老いて亡くなる今日の大多数の人々にどの程度適しているだろうか。この章では批判的に評価してみたい。

一　新往生術

1　コミュニケーション・自律・選択

二〇世紀半ば以降、医療倫理と医療実践はパターナリズム[9]的でなくなり、医学的利益に関する患者の自律を重んじるようになった(Verkerk 1999)。医師の指示に従えというのが古いマントラだとしたら、新自由主義的な医学は、パートナーシップを可能にするオープンなコミュニケーションを心がけよと呼びかける。パートナーシップにおける医師の専門性とは、患者に治療と症状管理についての選択をうながすこと、というか実際には選択を迫ることを意味するようになった。この新体制では、とくに人生最終段階に近づくにつれて、患者は十分な情報にもとづいた選択をおこなわなければならなくなる(GMC 2010)。それが人々の望むものであるという明確な証拠があるわけではないのにもかか

(9)　訳注：権威あるものが保護する父親のように必要なものを与えるが自由な選択を許さない様子。「医療父権主義」「父親的温情主義」「温情的干渉主義」などと訳されることもある。

わらず、である。オランダの哲学者であり民族誌学者のアンヌマリー・モル（Mol 2008: 97）によれば、「患者が悪い医療について不満を言うとき、彼らは選択肢を与えられなかったことにも言及するかもしれないが、それよりもっと頻繁に話すのがネグレクトだ」という。これは英国でも見られる。英国における人生最終段階にまつわる医療スキャンダルは、選択の欠如ではなく、ケアの欠如に関係している。それでもなお、新自由主義は、とくに人生最終段階に、健康に関する個人の責任と自己管理とともに、情報にもとづいた選択をうながし続ける（Seymour et al 2005; Conway 2011）。そういうわけで、たとえ私たちの体がばらばらになったとしても、私たちは、自己決定的な消費者であること、受動的な患者 patients ではなく能動的な主体 agents であること、それが私たちの望みであるかどうかにかかわらず、何かをされるよりもすることを強要されている。

この良い死に方のイメージは、**アドバンス・ケア・プランニング**（ACP）という医療実践に現れている。ACPでは、医師と患者（または意思能力が欠如している場合は家族）が将来のケアについて話し合う。人々が望むように最後の日々や月々を生きることを可能にするのは、ホスピス・緩和ケアのめざすところである。多くの国では、個々人の死にゆく過程での主導権が、安楽死を合法化するための議論において鍵となっている。この安楽死は、多くの緩和ケア実践者と一部の末期症状にある人々が拒絶しているものである。安楽死は、死にゆく人が家族や医師に従っている地中海や東アジアの社会で伝統的に見られる良い死に方の通念と大きく異なる。

テレサ・マルヤマ（Maruyama 1997）は、ホスピスが個人の自律を促進するのは、新自由主義イデオロギーではなくキリスト教の巡礼者概念に根ざしていると見ている。このつながりを明らかにしたのは、「ホスピス」という言葉を中世における巡礼者のためのホスピタリティと結びつけて使ったシスリー・ソーンダーズ(10) Cicely Saunders である。死にゆく人は巡礼者になり、贖罪への個人的な道を歩む。これは、死にゆく人が医師や家族に世話されることを「赤ん坊」に変容することとしてとらえる日本人とまったく異なる。日本文化では甘え dependence に価値が置かれ、世話される役に甘んじるべきだとされるのである。

アメリカの病院で死にゆく過程について洞察に満ちた民族誌調査をおこなったシャロン・カウフマンは、新自由主義イデオロギーや文化史ではなく、施設の制度が問題解決と意思決定を要求するようにできているという点を強調する。病院で交わされる言葉は、「矛盾、不安、虚脱、緩慢な苦しみ、その他の非合理的な感情表現」を「コントロール」「選択」「良い死」へ方向転換する。この三つは、個人の自律を前提とする簡潔な抽象概念となっている(Kaufman 2005: 17)。

もちろん、昏睡、脳卒中、また進行した認知症は、人を巡礼者ではなく赤ん坊へと変えてしまうだろう。いずれにせよ、病院の官僚機構のチェック項目をクリアできる理想的な自律した行為主体ではない。現在推進されている対策は、人生最終段階ケアについての望みを、誰もが健康状態の良いうちに、望みを伝えられなくなるよりずっと前に表明するべきだということである。たとえば、英国では**二〇〇五年意思能力法** 2005 Mental Capacity Act が、意思能力がなくなったときへの備えとして三

(10) 訳注：これまで日本では「シシリー・ソンダース」と表記されることが多かったが、英語の発音としては不自然である。本書では人名に関しては、もとの発音に近い片仮名表記を採用している。

つの方法を認めている。第一に、昏睡状態になったら生命維持をしないなど、特定の希望を前もって述べたい場合は、**事前指示書** Advance Directive（ＡＤ）を作成できる。第二に、**永続的委任状** Lasting Power of Attorney（ＬＰＡ）は、自分が意思能力をなくしたときに、ケアや金銭の管理を特定の友人や家族に委ねるものである。第三に、自分が意思能力をなくしたら、事前規定をすることはできず、ケアに関する決定は、その時点で医師が下した**患者の利益最優先の決定** best interest decision に委ねる。

ＡＤとＬＰＡは米国では一般的である。患者が望む種類とレベルのケアを受ける機会が増加している証拠はあるものの、それらの有効性に関する研究は質がバラバラで、知見もバラバラである（Silveira et al 2010）。英国では、これまでに作成されたＡＤとＬＰＡは数がかなり少なく、それらの有効性については疑問が提起されている。救急隊や救急室職員など、それにもとづいて行動する可能性のある人は誰でも緊急にＡＤを利用できるようにする必要がある。胸にタトゥーで彫られていない限り、すぐ利用はできないだろうから。[11] インターネット上で利用できる入力フォームで書いたＡＤは、あまりにも簡単に言葉を組み合わせることができるが、不明瞭だし、法的拘束力もない。人々は資産に関するＬＰＡを作成すれば、それが同様にケアをもカバーすると誤解しているようだ。また、ＡＤやＬＰＡがない場合に、一部の医師は「患者の利益最優先」を臨床判断と同じだと考えて、家族や友人が説明する患者の価値観を考慮しようとしない。

2 コントロール

一部の人々は、選択よりもコントロールの感覚が重要であると主張している。英国の研究者アン・ボウリング Anne Bowling は、高齢者の研究において、次のような発見をしている。「自分の人生をほとんど、またはまったくコントロールできていないという感情を持つ人は、ある程度コントロールできるものを多く持っていると思う人に比べ、生活の質を「良い」より「悪い」と評価するリスクが統計的に三倍以上も増加する」。ACPについての会話も安楽死についての会話も、コントロールの感覚を高めることができる。ACPのプロセスは、後で起こる出来事によって計画に無駄なものが生じるとしても、物事がコントロール下に置かれるだろうという安心感を与えるかもしれない。同様に、オランダ人は仮に苦しみが耐えられなくなったとしても、安楽死について話せるなら人生をコントロールできているという感覚を持てる。ノーウッド(Norwood 2009)によれば、これは、国を水没させないために自然をコントロールし続けなければならなかったオランダ社会の長い歴史を反映しているという。

ある逸話がコントロールの感覚の重要性を例示してくれる。ある重病の高齢者の友人の話だが、彼女は数カ月にわたって、四つの病院をめぐり、一二人の医師に診察してもらった。そうまでして、やっと彼女の病状が特定されたが、それは末期という診断だった。彼女が経験したのは細分化したケア、下されない診断、彼女のケアを引き受ける専門家が一人も出てこないことであり、そして紛れもなく

---

(11) 訳注：英語圏では、胸にタトゥーで「心肺蘇生をしないでほしい Do Not Resuscitate」と彫っている人々が話題になっている。

そこに欠けていたと思われるのは慈愛であった。こうしたすべてのことが原因で、それまで自己決定的であったこの引退した学者は、無力、恐怖、抑うつの感情に襲われた。死の医療化に反対する人々の言うこととは反対に、彼女は医療制度が自分のケースをコントロールでき``ない``という状態を経験した。それが彼女を無力に感じさせたのである。これはより多くの選択を与えれば解決できる問題ではないし、まして医学的ケアを退ければ解決できる問題でもない。最終的には、一人の緩和ケア医がケアをコントロールし、連携した。すると、彼女の抑うつは一日か二日で改善した。したがって、患者の選択だけでは不十分で、選択は連携の取れた効果的なシステムによって補完される必要がある。とはいえ、カウフマン(Kaufman 2005)が私たちに思い出させるように、そこにも官僚的なシステムは独自の命脈を保ち続けるだろうが。

3　自然死、ホリスティック・ケア

新往生術は死にゆくことを自然な出来事と見なす。医学は痛みや症状の管理に役立つ可能性があるが、最終的に死にゆくことは、生まれることと同様に自然な人間的プロセスである。したがって、ホスピス運動は、全体論的《ホリスティック》で学際的なケアを促進する。そこでは、患者は病んだ身体から全人格的存在へととらえ直される。つまり身体的ニーズだけでなく、それと相互作用する感情的、心理的、社会的、スピリチュアルなニーズを持った一人の人間としてとらえられる。臨終の場は再人間化されている。とはいえ、何人かの社会学者が指摘しているように、これは支持者が想像しがちな脱医療化のプロセスというより、緩和ケアのチームを従えた医学による更なる植民地化である。いまや医学は患者の身体だけでなく、その魂そのものをも覗き込んでいるのである（Arney and Bergen 1984; Rose 1989; Clark 1999）。

4　寄り添い

最後に、医療従事者と一部の家族は、良い死には、他者の寄り添いがなければならないと考えている。人々は、孤独に息を引き取るべきではないというのである。しかし、ケリヒア（Kellehear 2009）によれば、孤独に生きて、孤独に死のうとしている高齢者のなかには、家族や公的サービスからの支援を拒否することで主体性を発揮しようとしている人もいるらしい。キャズウェルとオコーナー（Caswell and O'Connor 2015）は、寄り添いの理想と在宅死の理想とのあいだには矛盾があるということを突き止めた。多くの高齢者は独り暮らしをしており、またそうすることを選択している。そうであるならば、在宅死が孤独死を伴うことは不思議なことではなく、それを望む人だっているかもしれない。ただし、これまでのところ、孤独死はほとんど研究されていない。研究どころか、多くの場合、単に悪いことだと断定されるのみである。

コミュニケーション、選択、コントロール、寄り添われた自然死は、政策において推進されているし、医療実践、とりわけ緩和ケアにおいても促進されている。次に、これらの価値観がどのように相互作用しているか、また不可解なシステム、衰弱する身体、価値観の対立によってどう制約されているかを見てゆこう。

二　強いられた往生術

1　応答しないシステム

人生最終段階に選択をうながすことは、英語圏のほとんどの国の医療政策の一部となっている。しかし、安楽死が違法となっている司法区域では医療専門家が安楽死を幇助することはできないので、選択肢とはならない。明らかに、システムはいくつかの選択肢を示すものの、それ以外の選択肢は示さない。

人生最終段階ケアの選択肢は、現状のように医療従事者によって提供されている限り、彼らに左右されることになる。なぜなら、患者本人が死にゆく状態にあることを確認するのも、これを当事者やその家族と話し合うのも、医療従事者だからである。だが残念ながら、医療従事者がとらえる死の過程とは、たいていは最後の数日または数時間の身体的状況である。数カ月または数年のあいだ本人が採用する可能性のある社会的役割ではない。そのため、選択肢はかなり遅くになってから提示され、また決定されることが多い (Kellehear 2016)。

その時点でどのような選択ができるかは、家族、地域、医療制度などの持っているリソースに依存する。本人またはその家族が希望する介護、たとえば自宅でのフルタイムの介護を頼む余裕がない場合、医療制度が提供するパートタイムの介護や介護施設などにアクセスするしかない。米国の医療制度やイングランドとウェールズの社会的介護のように、無料介護を誰もが利用できるわけではない国では、二段階のシステムになり、結果として貧しい人々の選択は制約される可能性がある。

十分なリソースがある場合でも、医療システムは複雑で、官僚的で、利益追求の傾向を強めている。カウフマンの示すところでは、アメリカの病院スタッフは、一方では組織の構造と要求、そしてもう一方では患者と家族の苦しみからくるニーズのあいだで、右往左往している。英国でも同様にサービス間の連携がないために、選択が意味するところは無きに等しい(Seymour et al 2005)。生活を制限する病である認知症を持つ人々に当局は在宅介護を提供しているが、それが例示するように、一つのサービスの中でさえ、システムのニーズの方が当事者のニーズを押しつぶしている。介護サービス業者への資金が不足しているために、そしてその組織の勤務当番表が複雑であるために、在宅で生活している認知症者は、一日に数回、異なる介護者を次から次へと受け入れる事態になりうる。しかし、認知症者が介護者の顔を認識でき、信頼できるようになるためには、ごく少数の同じ顔の介護者が必要である。英国の政策は認知症フレンドリー社会を推進しているが、認知症者の在宅介護の組織化と資源配分のあり方は、これを妨げるものになっている。

人生最終段階に直面している人々と家族が介護・ケアについて十分な情報にもとづいた選択をおこなうためには、多様な選択肢に関する良質な情報が必要になる。どの病院と介護施設がベストなのか。この在宅介護業者は介護者の一致・連携を約束しているが信頼できるか。それまでに経験してきたことは、部分的で、当てにならない。病院で悪い経験をしたとしても、もしかしたら、同じ病院の別病棟ならもっと良い経験が得られるかもしれない。

私の九一歳の母親は、足首を骨折した後に運ばれた老人病院でひどく不幸な体験をした。私たち彼女の子どもたちは、多岐にわたる他の病院のケアの質をどう評価したか。私たちは救い主を見出す。それは母の美容師のアリソンだった。彼女は、家から出られない高齢の客を専門とする美容師だった。客が病院や介護施設に引っ越すと、彼女はそこで客の髪結いをおこなった。アリソンはすぐに、私たちの母親が満足するであろう三つの施設を書き出し、私たちは三六時間以内に母を移した。正式な検査官と異なり、アリソンは、訪問した施設に脅威を感じさせずに、いつの間にかすべての施設を観察していた。このことから、私たちにとって信頼できるガイドであることは明らかだった。

同様の情報を求めているすべての家族に、アリソンのような役割を果たしてくれる人を提供するためにはどうしたらよいだろうか。人生最終段階に近づいている人々のためのケア環境は、査察に置き換えるとレストランの雰囲気のようなものだ。医療および看護における技術的な手順なら、レストランの厨房と同様、技官による検査が必要だ。しかし、人生最終段階ケアのほとんどは技術的なものではなく、むしろレストランの環境や雰囲気の方に似ている。これをもっとも適切に査定できるのは、おいしい料理ガイドを集合的に作成する正体を隠した偵察員、またはトリップアドバイザーのようにもっとくだけたオンラインの点数評価である。公開検査なら客観的であるべきという通念に従うのだが、この種の査定はそれを放棄している。トリップアドバイザーの点数評価を追いかける人々は、それが主観的体験を反映したものであり、合計評価から判断するべきであると理解している。現在に至るまで、英国の介護業者は、この種の正直に主観を反映したボトムアップの集合的点数評価を受けていない。レストラン、ホテル、休暇旅行などの顧客体験に関する比較可能な情報は、指数関数的に拡大している。そのような時代に、介護業者に関する情報は貧弱なままである。十分な情報にもとづいた選択という美辞麗句にもかかわらず、人生最終段階に近づいている人々、またはその家族が、情報を得た消費者という処方された役割にとどまり続けることは難しい。

2　衰弱する身体

ケア提供に関する情報が不十分なら、自分が慢性疾患、または末期疾患にかかって他者に依存しなければならなくなったときにどう感じるかについての情報は、さらにずっととらえどころがない。苦しみを罪の贖《あがな》い〔帳消し〕ととらえるキリスト教徒に比べれば、そうでない私が感じる苦しみは彼らの苦しみよりひどいものであるかもしれない。とはいえ、依存を恐れる人のなかから、受容することに新しい人間のあり方を発見するようになる人も出てきている。身体的な自己管理、たとえば起床すること、身体を洗うこと、トイレに行くことなどは、数分では済まず、毎日数時間もかかるようになるかもしれない。この数時間のせいで、他のことを何もしたくなくなるほど疲れ果ててしまうかもしれない。このことで個人的な価値観は変わってしまうだろうか。肉体的に元気なのが当然だったそれまでの人生で培われた価値観は、変化を被るだろうか。退職後の第三の人生をアクティブに過ごしている最近のベビーブーム世代は、その主体性が脱落し始める第四の人生で、さまざまな限界を経験するうちに価値観を変容させることになるだろうか(Lloyed 2004)。事前には知りようもないことである。というのも、ギリヤードとヒッグズの卓抜なアナロジーを使うなら、虚弱と認知症は、「光」をほとんど、あるいはまったく放射しないブラックホールなのだから(Gilleard and Higgs 2010)。癌を患っている人たちについては、彼らの体験を報告した本や記事やブログがたくさんある。しかし、虚弱になった高齢者や認知症者が、最前線から後方へ報告を送ってくることなど、ほとんどないか、あるとしても、少なくとも社会に広くその報告が届くことはない。だとしたら、どのような種類の生活が許容できないものとなるのかを事前に知ることなど、どうしてできようか。

調査によれば、虚弱の高齢者は、一日一日をあるがままに受け入れて過ごすという。最近の博士論文の研究では次のように言われている。

虚弱高齢者は深い不確実性を体験している。それは、彼らの身体的、そして／または精神的な状態の急な変化と、日常生活における複雑な課題と結びついている。その結果、彼らの注意は、生活の質を一日一日維持することに向いている。未来のケアとか事前意思決定などには注意が向いていないのである。多くの高齢者は未来を想像することに困難を覚えていた。……人生最終段階を見据えた現行のＡＣＰの方針と実践は、虚弱の大きく変動するという特徴と食い違っている。……形式的な合法主義やイデオロギーに突き動かされたＡＣＰの方針には、自己決定や自己利益を自律の特徴とするリベラルな思想が表れている。しかし、それは虚弱高齢者の生活世界とはズレている。(Bramley 2016: ii–iii)

ブレイムリーは、他の批判者と同様、ここから**関係的ケア倫理**を支持する議論に進む(Verkerk 2001; Lloyd 2004; van Heijst 2011)。それは、フェミニズム的な関係的倫理を、病める人であれ、健康な人であれ、すべての人に当てはめたものである。実際、すぐれたケア提供者・介護者なら誰でもケア・介護を双方向の関係でとらえている(Mol 2008)。

これと一致するように、進行した認知症を対象とした研究によれば、当事者の情緒的生活は言語認知能力に比べ、かなりの程度手つかずのまま残っている。ということは、彼らは感情を伝えることができるし、倫理的態度を取ることもできる。不幸なことに西洋社会は、情動よりも理性、非言語的表現より言語を優先させようとする。アドバンス・ケア・プランニングと事前指示書は、理性と言語を至上価値とし、それらが失われる恐怖に付け込む。この観点では認知症者は十分に人間的であると見なされない。より関係的かつ感情的にとらえる立場の方が認知症者の人間らしさをとらえられる(Boyle and Warren 2017)。

それでは、昏睡状態の患者についてはどうか。日本の社会学者である山崎浩司(Yamazaki 2008)の未発表論文は、私たちがこれについて考えるのに役立つ。彼によれば、西洋の緩和医療の良い死のスクリプト〔自明視されている良い死に方〕では、オープンにコミュニケーションをとれば患者は自律的な選択ができると考えられている。「死が近づいていることをはっきりと認識せず、自律的決定を下すことができない」死にゆく患者、たとえば重篤な脳卒中の後で、または認知症が進行して昏睡状態にある患者は、悪い死を運命づけられているとされる。実際、これを西洋の論者は**社会的死**をもたらすものだと見ることが多い。社会的死とは、身体は生きながらえているが人格は去った状態である。日本には数多くの医療マンガがある。それらは西洋における医療を題材としたメロドラマと同様、医療の倫理とジレンマを掘り下げている。山崎はその一つ〔こしのりょう『Ns'《ナース》あおい』〕を分析し、日本人は良い昏睡死のスクリプトを持っていることを見出す。というのも「昏睡状態の患者として生きながら、なお制度的および非制度的なケア提供者・看護者と相互作用や交流を続けている」からである。日本文化の関係的な自分（山崎の日本語論文では、関係的存在としての「自分」）は、西洋社会流の自律的な自己によって今では損なわれつつあるが、生涯を通じて「思いやり」を実践している。すなわち、他者の非言語的行動を、感情移入的に読み取ることを通して他者を慮《おもんぱか》るということである。たとえば、この漫画では、看護師は感情移入によって「声にならないニーズ」を推し量り、「実際に頼まれていない快適さを提供する」（Yamazaki 2008: 17）。

　私のように、伝統的な日本のおもてなしを受けたことがある（西洋人）読者は、自分が欲しいものや必要なものを聞かれずに世話をされた経験があるかもしれない。これは、日本人が「甘え」と呼ぶもの、つまり他者の親切や善意に依存する心地よさである。土居健郎《たけお》（Doi 1981）によれば、この心地よさは、私たちが赤ん坊として最初に経験したものである。多くの西洋人患者もこれを経験しているはずだ。それはまさしく、とりわけ新自由主義の医療のなかで、私たちが何とかして言語化しようと苦労しているものである。オランダの医療者組合は、トロント（Tronto 1994）の四つのケア要素である傾聴、責任、特定技能、応答性に依拠しつつ、また愛情を私的領域に閉じ込めることに反対し、**専門的愛情ケア** professional loving care という用語を実際に採用している（van Heijst 2011）。しかし、英語にはその反対の言葉がある。見捨てられ感情 feeling *abandoned* である。見捨てられ、放置されることこそ、多くの高齢者ケアのスキャンダルの核心部分である。そして、見捨てられたという感情は多くの弱った患者が経験していることである。それは複雑な医療システムでたらい回しにされ、誰も自分の症例に責任を持とうとしないように見えるときに起こる。興味深いことに、日本では世話をすることが非常に高く評価されているのに、老人を見捨てる物語がたくさんある(Danely 2014)。人生最終段階が近づいたとき日本国民に降りかかる最悪の災厄は、選択の欠如ではなく、見捨てられることである。同様に感じる人は西洋市民にもいるかもしれないが、人生最終段階ケアの戦略はまだそれを認識していない(Borgstrom and Walter 2015)。

介助

これと並んでもう一つの分析結果がある。他者のままならない体を洗ったり、食事をさせたり、トイレに行かせたりする人は、とくに階級意識の強い英国では、専門職の地位を求めている人が肉体労働を軽視するせいで、低い身分と見なされる(Twigg 2006)。現在、看護専門職は、最小限の訓練を受けた介護補助者に、身体介護を可能な限り委ねている。そこでおこなわれる親密な介助が監督者によって綿密に監視されることはない。介護施設では、監督者や検査官が、高齢者のおむつを覗き込んで交換しているかどうか確認することは、あったとしてもきわめてまれである[12]。英国での最近の介護スキャンダルは、たいていの場合、介助に関するものだった。たとえば、介護施設の入居者や病院の患者の手の届かないところに食べ物が置かれる、入居者がトイレに行くのを手伝ってもらえない、患者がベッドで寝る向きを変えてもらえない、などである。介助者たちは、低賃金、人手不足、過小評価の状態に置かれながら、入居者や患者に対してケアをしている。だが多くの場合、彼らのためのケア

(12)　これはJana Králováのおかげで得られた洞察である。

にはわずかな資源しか与えられていない。介助者たちは、システムの欠陥を取り繕うために自分の時間を割いてケアを余分に提供しているかもしれない(Cohen 2011)。また、過小評価されている介助者が労働条件をほとんどコントロールできない腹いせに、自分よりずっと無力な居住者／患者／クライアントのコントロールを奪う危険性もある。死に方の質を改善するとしたら、介助を適切に補充し、評価することが不可欠である。

3　対立する価値観

死ぬまでのあいだにどのように生きるかを選択する、コントロール能力を持った死にゆく人というイメージは、政策において影響力を持つようになっているとはいえ、すべての人に共有されているわけではない。死にゆく人がそれと異なる考えや価値観を持っていたり、遭遇したりすることはありうる。

家族の対立

その異なる考えや価値観は、本人の家族が持つ場合もある。私の体や心が衰えるにつれて、私は家族により依存するようになり、そしてかなりの確率で家族とより密接に暮らすようになる。すると、かつては腕の長さのところまで距離を保つことができた二つの対立する価値観が、摩擦を引き起こす可能性がある。一歩も譲らないと踏ん張ることが、もはや私にはまったくできないという状態のときに、このような摩擦が起こる。宗教についての解釈の違い、医学と代替療法のどちらを信頼するかと

表 3-1　権威と良い死

社会	伝統的	近代的	脱／後期近代的
権威	家族／宗教	医学	個人
良い死	共同体内	疼痛と症状の制御	「自分らしく《マイウェイで》」死ぬ

いう考え方の違い、死にゆく人間と生き続ける人間のニーズの違い、これらすべてが重なって、生きているより死んだ方がましだと思うようになるかもしれない。それは、死にゆく人のコントロール感と自律的な選択能力を損なう。このような問題について家族を助けるのが、緩和ケアに付随するソーシャルワークである。

移民

南半球出身で北半球に移住して働くようになった人が増えているが、そのなかには帰国せず、北半球で死ぬ人もいる(Gunaratnam 2013)。いくつかの研究が示しているように(Winzelberg et al 2005)、北半球の人々の自律的個人に対するこだわりをすべての移民が共有しているわけではない。人生最終段階の決定の話になると、個人よりも家族の方が重視され、個人的自律より宗教の方が重視されることもありうる。そして、良い死についての見解が異なるのも不思議ではない。たとえばセネガルのウォロフ族の人々にとって、悪い死とは、客死、つまり共同体の外で死ぬことである(Evans et al 2016)。前著(Walter 1994)で、私は死に方がどのように変化したかを三つに分けてまとめた。死ぬことと喪に服することにおける権威が、家族／宗教から医学へ、そして個人へとどのように移行したか、それぞれを対比しながらまとめた(**表3－1**を参照)。

ポストモダンで新自由主義的な西洋の保健政策が特別扱いしている死に方は、このように文化的に特殊なものである。しかし、移民の経験はまったく均質でない。共同体内で、家族に囲まれながら死んで、自分の土地に埋葬されることは、世界の至る所で驚くほどよく見られる良い死の構造である。しかしながら、家はどこか、家族は誰か、そして良い死とは何かについて、二つの世界のあいだに住んでいる移民家族のメンバー全員が同意するとは限らない(van der Pijl 2016)。

宗教

宗教は、多くの場合、死に方についても服喪の仕方についても定まった様式に従うことを要求する。たとえば、英国のヒンドゥー教徒は、伝統的な儀式をおこないながら朗唱する親族たちに囲まれて床で死ななければならないという決まりに従いたいと希望するかもしれない。これは病院、介護施設、ホスピスにとって難しい要求である。死にゆく人の最大限の選択とコントロールを可能にし、寄り添うという方針を示しているにもかかわらずである(Firth 1997)。キリスト教、ユダヤ教、イスラームなどのさまざまなファンダメンタリストたちは、個人の自律を、世俗的ヒューマニズムの偶像崇拝的形態だと見ている。というのも、創造主の啓示した教えに人々が従わず、自由に生きて自由に死ぬべきだという考えに当たるからである。たとえば、米国のファンダメンタリズム的なキリスト教徒はホスピスケアに反対するかもしれない。ベルギーの正統派ユダヤ人女性たちは安楽死に反対するかもしれない(Baeke et al 2011)。どの宗教の内部にも、生きることと同じくらい幅広い見解のスペクトルが、死ぬことについても存在するのが常である。

三　結論

この章では、人生最終段階ケアにおける患者の選択とコントロールを特別視する現在流行の方針が、問題を含み、論争の的になっているということを示してきた。原理的にも疑問視されているし、人生最終段階に近い多くの人々の経験に照らしても疑問視されている。もっと強調するべきだと思われる、これ以外の方針、原理を、ここでは三つほど結論として示したい。

1　保護

裕福な社会の構成員の多くは、家族、国家、収入、世界観によって適度に保護された生涯を送った後で、自分が人生最終段階に近づくにつれて見捨てられ、保護を失ってゆくことに気づく。ジョルジョ・アガンベン（Agamben 1998）が「剝き出しの生」と名づけ、ケリヒア（Kellehear 2007）が「恥ずべき死」と名づけたものを経験するのである。人生最初期の子どもを保護するのに匹敵するような方針と実践で、人生最終段階の傷つきやすい人々を保護することが、より高い優先事項とならなければならない。日本の思いやりと甘え、トロントのケア倫理、フェミニズムの関係的倫理、オランダの医療従事者の専門的愛情ケアは、とりわけどれも実行可能な出発点を提供している。そして、人生最終段階にある人のケア・介護は一人の専門家によって監督されるべきであるという方針は、見捨てられたような感じを終わらせるための鍵のように思われる。とはいえ、細分化したシステムのなかで実際にケア・介護を連携させるのは「言うは易しおこなうは難し」ではあるが。

2　選好

選択するからには、実行に移せる選択でなければ意味がない。見通すことのできない施設の仕組み、身体の衰弱、見解の対立のために、人生最終段階の選択はしばしば実行できなくなる。それでも選好は表現できる。選択を約束すると、実際にはコントロールできないこともできるかのように約束するということが、一定程度そこに含まれてしまう。選好を表現するようにすすめることの方が、より現実的だし、より正直である。残念ながら、「選好」という言葉は新自由主義の政治家や医療・介護の経営者たちの心によく響かないし、また（英語では）「選択 choice」ほどキャッチーではない。「選好 preference」の同義語で一音節の言葉が、切実に望まれている！

3　可能性付与的環境

障害の社会モデルは、社会的および物理的環境がいかに障害を作り出している disable かを指摘するものだが、**認知症フレンドリー社会**という概念を通して、そのモデルは認知症にも広がっている。認知症で死ぬ人、あるいは認知症を持ちながら死ぬ人が増えているのだから、人生最終段階にかけて可能な限り良く生きるためには、身体障害者が通行できるだけでなく、認知障害者も通行できるような、物理的社会的環境が必要である。認知症の有無にかかわらず人生最終段階に直面している人々にとって、共同体をもっとフレンドリーで慈悲あるものにするための更なる方法は、次章で議論する。

これらの施策には、緩和ケアと高齢者ケアが対等なパートナーになるような新しい種類の実践が必要である。あまりにも長い間、高齢者ケアは健康長寿《アクティブ・エイジング》に焦点を合わせており、虚弱、依存、死という最後の部分を無視してきた。介護施設には人生最終段階に関する経験が豊富にあるにもかかわらずである。少なくとも英国では、あまりにも長い間、緩和ケアは、創始者シスリー・ソーンダーズの「宣教的」目標を推し進めてきた。つまり、癌にもとづいた英国の専門知識を、世界中のすべての場所とすべての病気に広げるという目標である。老年期特有の状況を抱えながら、またそれを原因としながら死にゆくことに関する膨大な知識を所有している人々がいるのに、また他文化にもいるのに、彼らとの真の対話には関与してこなかった。英国のための人生最終段階ケア政策の策定を任務とする委員会は、ずっと緩和ケアに支配されており、高齢者ケアからは名目だけの委員しかいない、あるいはまったく代表者がいない状態であった。いまや対話をするときである。互いに協力し、感化し合い、一緒に政策を作り出すときである。

問い

あなたは老年期における十分に良い死とはどのようなものだと思うか。それが起こるのを妨げているかもしれないものとは何か。何がその可能性を高めるだろうか。

第4章
専門家は何が得意なのか？

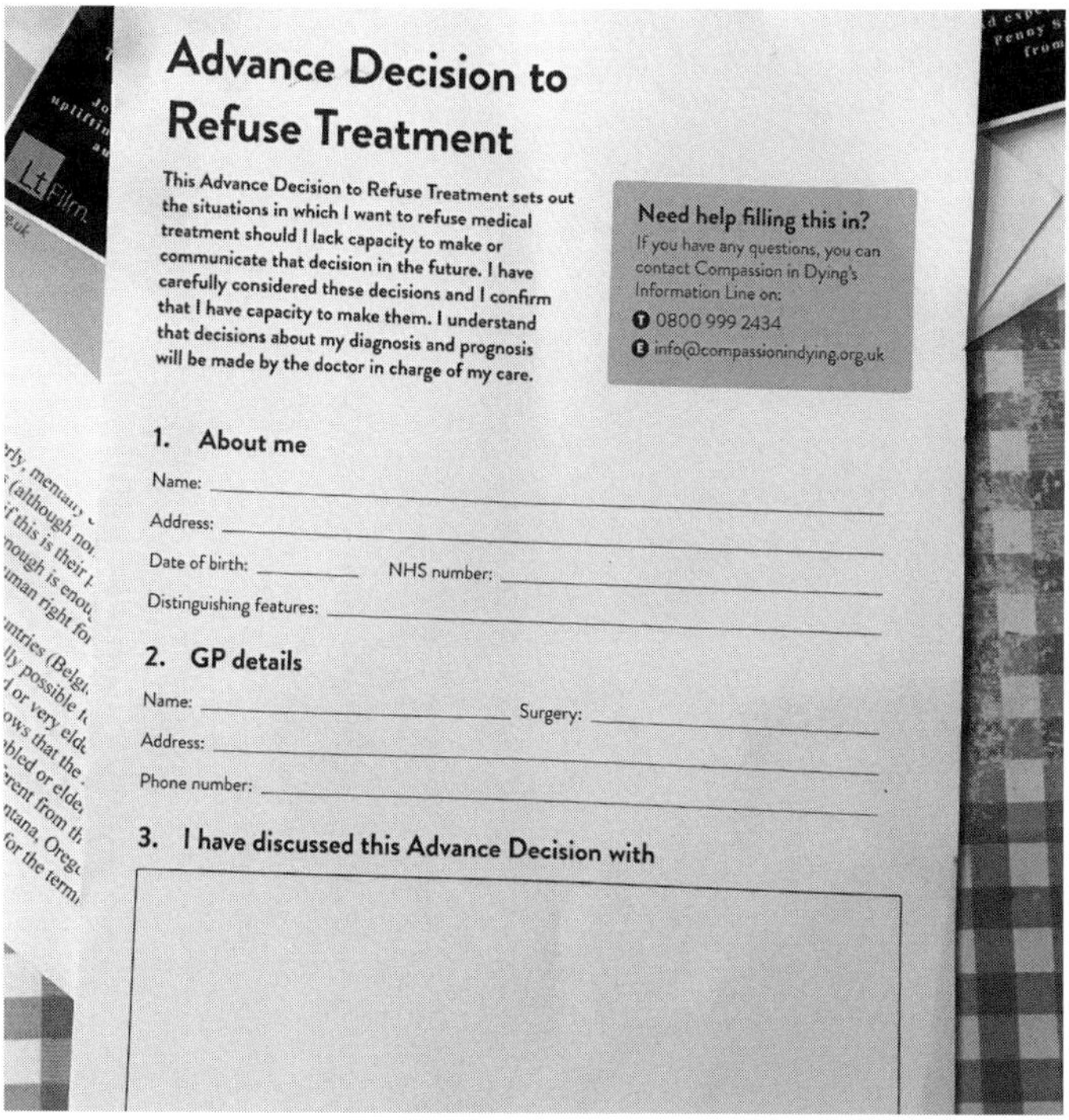
Advance Decision to Refuse Treatment
This Advance Decision to Refuse Treatment sets out the situations in which I want to refuse medical treatment should I lack capacity to make or communicate that decision in the future. I have carefully considered these decisions and I confirm that I have capacity to make them. I understand that decisions about my diagnosis and prognosis will be made by the doctor in charge of my care.
Need help filling this in?
If you have any questions, you can contact Compassion in Dying's Information Line on:
0800 999 2434
info@compassionindying.org.uk
1. About me
Name:
Address:
Date of birth:
NHS number:
Distinguishing features:
2. GP details
Name:
Surgery:
Address:
Phone number:
3. I have discussed this Advance Decision with

死の医療化には議論の余地があるが、医師、看護師、救急隊員、およびその他の医療従事者は、現代西洋的な死に方が展開される舞台で役割を演じ続けるしかない。それでは、この特殊なドラマにおける彼らの役割はどのようなものであるべきだろうか。

この舞台における医療関係者の存在感は、高く評価されることが多い。痛みと症状をコントロールする技術的能力は、緩和ケア、老年医学、一般診療の中心にあるが、家族だけでなく、死にゆく人本人からも評価されている。英国では、国民保健制度(NHS)によりアクセス地点では医療が無料で提供される。自分の仕事に熟知している人々に介護され、見守られ、真剣に受け止められることは深い感動をもたらす。しかも、すべては税を通じて、国民共同体によって無料で提供されるのである。ダグラス・デイヴィス(Davies 2015)は、彼の著書『英国流の死 *Mors Britannica*』で、次のように主張している。かつて既成教会は、国民の生と死に関する価値観に焦点を合わせ、それを明確にする役割を果たしていた。だが、教会がその役割を手放したまさに今、その役割をNHSが担い、ほとんどの英国人はNHSのさまざまな行政組織で死んでいる、と。一般診療医との五分間の予約ではそれほどでもないが、生命が危機にさらされていたり、終わりに近づいていたりする救急車や病院において、私はこれを目撃してきた。病院のベッド、もっと顕著なのは救急車のなかで、人は子宮のように完全なケア環境にありながら弱々しい状態に置かれる。英語には、世話をされるということに価値と喜びを認めるような、日本語の甘えamaeに相当する言葉はないかもしれない。だが、英国人のNHSに対する情熱的な信頼とそれを守ろうとする心は、甘えを直感的に理解していることの表れである。

しかし、イヴァン・イリイチが『医学のネメシス *Medical Nemesis*』(Illich 1975)〔邦題『脱病院化社会』〕を書いて以来、死の医療化、とくにほとんどの人が死んでいる病院内での死の医療化は批判の対象となっている。医師たちは治療のための訓練を受けており、病院は治療のために制度設計されている。だが死にゆくことは治療できない自然なプロセスなので、医師と病院が常に適切とは限らない。死にゆく過程は単に身体が壊れる過程ではなく、死にゆく人の役割とアイデンティティの問題である(Kellehear 2014)。**死にゆく人の役割**は、医師と患者のあいだの**病人の役割**の「契約」を必ずしも伴わない(Field 1996)。それでは、人生最終段階における医療従事者の役割は何なのか。死にゆく人、および／または家族との契約はどうあるべきなのか。これから私は、介入、存在感、可能性付与、ホリスティック・ケアという四つの専門職の役割の長所と短所を検討してから、医療従事者をより広い文脈に再配置する慈悲共同体の概念を検討する。

一　専門職の四つの役割

1　介入

身体を機械と見なして、それが壊れたら医師が修理工としてスキルとツールをもって対応するという発想は、デカルトの心身二元論にもとづいている。身体は人の残りの部分から切り離して、修理することが可能だというのである。この定式は、医学の内外から広く批判されている。とくに機械が取り返しのつかないほど壊れている人生最終段階では限界がある。この時点になると、修理工タイプの医師は二つの選択肢をとりうる。一つは、壊れた機械を、まさにその所有者が人生でもっとも深い人格的および実存的な危機に直面した時点で見捨てるというものである。もう一つは、医師が修理工として、修理の努力がとっくに無駄になっているのにしばしば多大な費用をかけながら、機械を修理しようとし続けるというものである。

　この批判は単純化の恐れがあるので、少し医師＝修理工を擁護しよう。第一に、修理工は、車を補修するにせよ身体を補修するにせよ、ユーモア、スキル、ケアをもってそれをおこなうことはできる。第二に、実存的危機は自分で何とかするので、医師には症状や痛みの緩和だけしてもらいたいと私は思うかもしれない。たとえ実存的痛みが身体的痛みに影響する可能性があることを知っているような医師だとしても。そして第三に、医療化批判者は、人間が単なる身体以上のものだと主張するが、多くの元気で健康な人々の実感では、とくに身体より心を特別視しているデカルト的世界では、自分は身体以下だとイメージしている。私たちは普段、健康な身体を自明視しており、それがどのように機能するか気にも留めない。そのため、身体のことをわかっている人に自分の壊れた身体が最大限に注意深く見られるという経験で、やっと実際に全体としての自分を感じられるようになるのである。

　デカルト的二元論を拒否する実践者でさえ、しばしば機械論的な言語で話をする。ホリスティックな実践者も次第に「**介入**」の観点から話をするようになった。死にゆく人々、そのケア提供者、その死を悲しむ人たちを支援するための心理社会的な発案は、しばしば介入として概念化され、薬物のように対照試験によって検証される。もう一つ示唆的なのはサービスを「届ける《デリバリー》」という言葉である。たとえば、人生最終段階ケアは、他のサービスと同様に、患者とその家族に「届け」られる。まるで、ケアが郵便小包《パッケージ》のようである。実際、「ケアのパッケージ」という言葉を耳にすることもある。奇妙なことである。自分の子どもや病気の親にケアを「届け」たりはしない。そもそもケアはパッケージに入るようなものではなく、家族のためを思ってなされるものである。ホリスティックな緩和ケアも例外ではなく、ケア従事者がケアを動詞から名詞へ翻訳すると、それは商品化されてしまう。つまり、人と人との関係が、個別的で制限付きで費用のかかる物に変わってしまうのだ(Ungerson 1997; Tronto 2010)。医療従事者はクライアントのためを思うと同時にクライアントを対象化してケアをする。報酬や査察があるために、労働の一部だからという理由でケアするのではない。弱っている他の人間に出会ってしまった一人の人間として彼らはケアするのである(Cohen 2011)。

2　存在感

これとはまったく違うのが、ケアを名詞ではなく動詞としてとらえる理解である。それは実践者を、患者の生に介入する者というより(あるいはそれだけでなく)、患者のそばで存在感を発揮する者としてとらえる。「私と一緒に見ていてください」という注意深い**存在感** presence こそ、シスリー・ソーンダーズがホスピスケアの実践を発展させた方法の中心にあった。その後、それはフェミニズム的な倫理学者と社会科学者によって理論化されてきた。ウトリアイネン(Utriainen 2010)は、存在感について洞察力と明快さをもって説明し、それを能動的受動性の一形態として考察した。一方(第三章で見たように)、ケア倫理学者のトロント(Tronto 1994)とヴァン・ハイジスト(van Heijst 2011)はその注意深さという特質に焦点を当てている。彼らは、専門的な介入レパートリーは存在感によって補完される必要があり、自律の倫理は関係的ケア倫理によって補完される必要があると主張している。愛は私的な領域や親しい人に限る必要はないし、意識のある受け手に限る必要もない。人は建物や庭にさえTLC(優しい愛情ケア tender loving care)を提供する。まして弱った患者にPLC(専門的な愛情ケア professional loving care)を提供しない理由があろうか(van Heijst 2011)。

熟練した介入者こそ、介入の際に存在感を発揮できる。課題は存在感を専門化して従事者の職業的アイデンティティの一部になるようにすることである。これは英国のホスピス運動とオランダの医療組合の両方が試みたものである。もっとも「査察社会」(Power 1997)では、存在感を測定することの難しさ(Russ 2005)がこの試みのアキレス腱として残る。ランダム化比較試験は介入を測定できても、存在感を測定することはできない。

3 可能性付与

多くの緩和ケア従事者は、患者が最後の数週間を望み通りに生き、望み通りに死ぬのを支援すること、言い換えれば可能性付与 enabling に自分の役割があると見ている。ロンドンにおける移民の緩和ケアの経験について書かれたグナラトナムの本(Gunaratnam 2013)には、好ましい事例が詰まっている。看護師、ソーシャル・ワーカー、その他のスタッフは、患者やクライアントがきわめて困難な状況で望む死〔自分たちの文化にのっとった死に方〕を達成するのを支援していることがわかる。

4　ホリスティック・ケア

緩和ケアは、死にゆく人を修理するべき身体ではなく、身体的であると同様に感情的、スピリチュアル、社会的という潜在的に幅広いニーズを持つ全体的人格として見ようとする。シスリー・ソーンダーズの「**全人的な痛み**《トータル・ペイン》」という概念は、実存的痛み、伝記的痛み、身体的痛みが相互に関連した多次元的なものとして痛みをとらえる。医師と患者だけの関係は、患者が多職種チームに取り囲まれているような関係に置き換えられる（**図4-1**）。チームには通常医師が含まれるが、リーダーを務める必要はない。

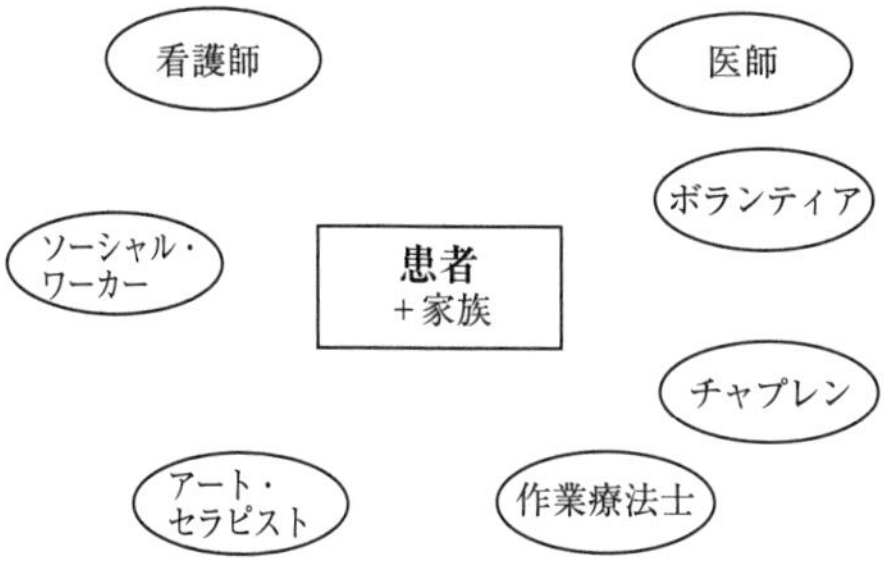

図 4-1　緩和ケアの多分野チーム

この包括的ケアは、見守られているという温かい感情を、患者だけでなく家族にも喚起することができ、深く感謝されることが多い。英国のホスピスは支援してきた人からの遺産贈与や地域共同体からの寄付やボランティアを比較的簡単に引き寄せているが、それはこの感謝の賜物である。

しかし、この種の全人的ケアには、無批判な自己満足に流されたくないなら、批判的な友人が必要である。それを開拓した人々、たとえば英国のシスリー・ソーンダーズ（du Boulay 1984）や米国のエリザベス・キューブラー＝ロス（Kübler-Ross 1969）などは自身も医師であり、前の章で見たように、医学的なまなざしの拡張を提唱した。

すなわち人の身体だけでなく、感情、関係性、世界観も、可能性としては医師の精査に開かれていることを示したのである。多職種の緩和ケアチームは、メンバーのほとんどが医師ではなく、多くが死にゆく過程の脱医療化を望んでいるが、結局は専門家としてのまなざしを拡張することで終わっている。この高度に専門化された死の過程において、死にゆく人とその家族の能力付与《エンパワーメント》には、一定程度の能力剝奪《ディスエンパワーメント》が伴う。これは、「ホスピスの素敵な皆さんがいなければ、私たちはどう対処していたかわかりません」という調子で書かれた大量の心のこもった死後コメントに示されている。人間は何千年ものあいだ多職種チームの支援なしに死んできたが、今では数百万人がこの種のケアに依存している。これは進歩なのか、どうか。

　ここでジェンダーについて考える必要がある(Utriainen 2010)。緩和ケアの創設者は医師だったというだけでなく、主に女性でもあった。ホリスティックな緩和ケアは、その六〇年の歴史を通して、身体的病気をスピリチュアルな関心、過去の傷、死の恐怖などに関連させながらケアをしてきた。それを大幅に推進してきたのは女性であり、介入主義の医学が男性に支配されてきたのとは対照的である。患者や家族のなかでも女性の方が全人的ケアを高く評価する傾向があるかを調査した研究は、私の知る限りまだない。たとえば、医学的症状を「どう管理するか」というナンセンス排除の姿勢で治療してほしいと思うのは、女性より男性の方が多いか。彼らは、スピリチュアルな、あるいは感情的な問題は自分で何とかしたいと思うのか。また、これと関連した家庭内の力学を調査した研究もない。たとえば、医学を身につけた「修理工」による介入を好む家族は、すべてがつながっていると見なし、全人的ケアを評価する他の家族と、どのように交渉するのか、などである。

リソースの問題も明らかにある。良質な緩和ケアは労働集約的である。それは癌の領域を超えて、より長くて予測しにくい虚弱な老年期に特有の死に至る軌跡へと展開しつつあるが、これは安く済ませられないだろう。もっとも、緩和ケアは大胆だが無益な外科的介入よりも普通は安価で済ませられる。

二　慈悲共同体

慈悲共同体の概念は、一九八六年の「健康づくりのためのオタワ憲章[13]」の原則を取り上げ、それを人生最終段階ケアに適用し、共同体の責任としたものである。「共同体」とは、都市全体、学校、工場、死にゆく人自身の社会的ネットワークなど、いずれにも当てはまる。発想の源泉には、第一に緩和ケアの目標設定に対するケリヒア(Kellehear 2005; 2007)の批判がある。これは、共同体の受容力より専門家の増加をめざしていたことに対する批判である。第二に、哲学的にも実践的にも、慈悲共同体の発想は、障害の社会モデルや認知症フレンドリー社会と多くの共通点を持っている。第三に、インドのケララ州が、人生最終段階に慈悲共同体がどのように機能するかの大規模で長期にわたるモデルを提供する。一〇人から一五人のボランティアの地域ネットワークが、近隣の慢性疾患患者を特定し、適切なケアを組織し、医療サービスと連携している。全体として、ケララ州の事業計画は、一二

(13)　www.who.int/healthpromotion/conferences/previous/ottawa/en/index4.html

〇〇万人以上の人口を対象としている(Kumar 2007)。

慈悲共同体は、死にゆく人とその家族介護者を取り巻く、または取り囲むことができる地域の社会的ネットワークを活用する。これには、共同体づくりプロジェクトが伴うこともある。ケララのようにボランティアを入れたり、または家族がもともと持っていたネットワークを活用したりすることである。人生最終段階に関わっている家族介護者への支援についての急増する文献をざっと見ただけでも、この考えがいかに急進的であるかがわかる。この種の文献のほとんどすべては専門家が介護者をどのように支援することができるかに関するものである。ところが介護者への支援はほとんど既存の非公式の社会的ネットワークに由来している。慈悲共同体モデルは、文献とは対照的に、人間が通常どのように互いを支え合っているかという点に注目して、それとともに働こうとする。

このモデルが取って代わろうとしているのは、患者が専門家チームに囲まれていて、家族だけは見えるかもしれないが、他の社会的関係は見えないか脇に追いやられているという図式だ(**図4-1**)。慈悲共同体モデルでは、死にゆく人と非公式の介護者が社会的ネットワークの中心に置かれているという図を見ることができる。このネットワークには、家族だけでなく、友人、隣人、同僚、雇用主、学校、信仰共同体なども含まれる。彼らは当事者またはおそらくその介護者を、実用面、社会面、感情面から支援する潜在力を持っている(**図4-2**)。このネットワークに、個別具体的な業務課題を持つ医療従事者が挿入される(Abel et al 2011)。死にゆく家族の世話をする人々の社会的ネットワークの実例としては、レナード他(Leonard et al 2013)を参照してほしい。きわめてはっきりと、そのネットワーク「マップ」にはマップに載るべきすべての人同士のつながりが示されている。そこには、**図**

4-1と図4-2が簡略化のために除外したつながりも含まれている。

これは、共同体を専門的ケアの外部と見なす古典的な緩和ケアのモデルを逆転させる。代わりに、専門的ケアは、より広いケア共同体内でさまざまな役割を果たす。医師や看護師は、共同体という舞台の上にいる多くの役者たちの一人にすぎない。共同体が医療のステージにチョイ役で登場するというのとは違う。老年期が極端な高齢にまで至ると、もとから存在する家族や共同体のネットワークは弱まる可能性がある。その弱体化が進めば、ボランティアや専門家の果たしうる役割は大きくなる。言い換えれば、死にゆく人の**社会関係資本**が少ないほど、彼らは公式のケアをより必要とするかもしれない。ここで鍵となる概念は**ネットワーク貧困**である。「ネットワーク貧困者とは、それまで到達したライフコースの段階からさらに成長することを可能にする最適の社会的ネットワーク構成を持っていない個人である」(Perri 6 1997: 27)。したがって、専門家またはボランティアによる援助は、ネットワーク貧困者にこそもっとも適している。現在は、それが逆方向に働いている。高い社会関係資本と良好なネットワークを持つ人々の方が、より専門的なケアを動員するための接触機会を持っているのである。

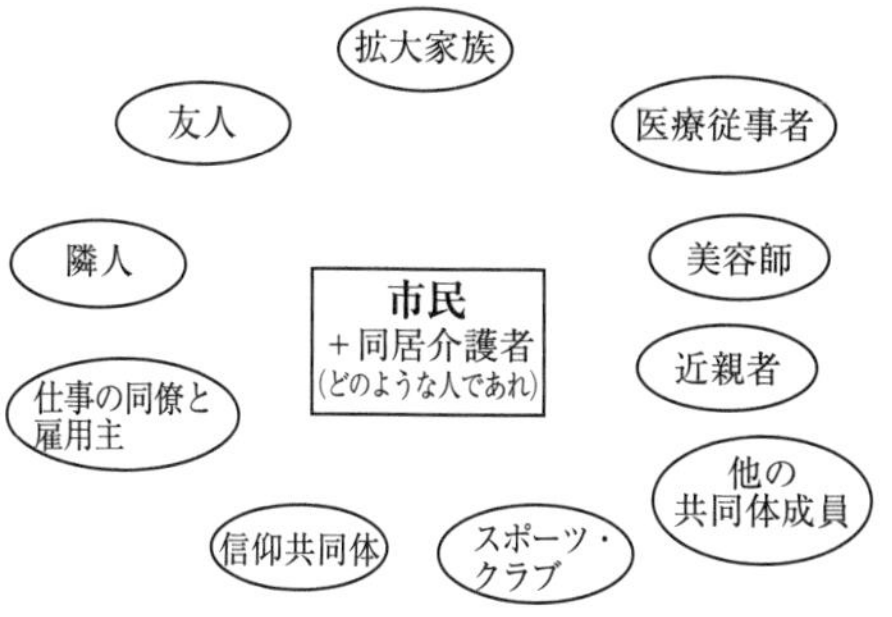

図 4-2　慈悲共同体ネットワーク

人生最終段階ケアへの慈悲共同体アプローチを下支えするのに、二種類の調査研究をすすめることが喫緊の課題となっている。第一に、「家族が人生最終段階に社会的ネットワークをどう活用するか、とくに専門家がそうするようすすめない場合にどうするかを決めるための調査にもとづいたエビデンス」(Abel et al 2011: 130)が必要である。生涯にわたって存在する共同体とネットワークの強さについて、研究者の意見は割れている。たとえば、パットナムの有名な本『孤独なボウリング』は米国の地域社会のネットワークが過去最低の状態にあると主張したが、それは論争を引き起こす結果になった(Putnam 2000; Fine 2010)。とはいえ、高齢者の社会的ネットワークについては、かなりのことがわかっている(たとえば、Wenger 1991; Gardner 2011)。社会的ネットワークがしっかりしていれば、彼らは人生最終段階に日常的な慈悲の基盤を築く。しかし、老齢者が家に引きこもったり、認知症を発症したりすると、社会的ネットワークは衰退し、身体がより虚弱になると彼らは傷つきやすい状態に置かれる(14)。家族の既存の社会的ネットワークと共同体リソースが、現時点で人生最終段階ケアをどの程度支えているかについての知識は不足している。そのような現状で、エイブル他(Abel et al 2011)は、慈悲共同体の推進者が次の二つのどちらに力点を置けばよいかという問題を提起している。一つは、共同体レベルでの受容力を高めることである(たとえば Kellehear 2005)。もう一つは、人生最終段階にある一人の家族の世話を残りの家族がする際に、既存の社会的ネットワークを活用するのを手伝うことである(たとえば Horsfall et al 2011)。ある研究(Walter 1999a)によれば、近所づきあいといっても街路《ストリート》ごとに大きく異なる。したがって、万能の解決策などない。

第二に、(今のところまだ)ほとんどない慈悲共同体プロジェクト(Wegleitner et al 2015)の有効性について、これまでの評価は前途有望と言えるものだが(Sallnow et al 2016)、もっと多くの評価が必要である。周知の通り、「在宅サービス提供」〔サービスの宅配〕の組織やシステムはリスクを嫌って、専門家やボランティアではなく友人や隣人として動く人々の草の根活動とは連携したがらない。たとえ、現場で働いている人は、そのような友人や隣人とその価値について知っていても(Horsfall et al 2013)。友人や隣人はソーシャル・メディアを介して互いに意思を伝え合い、医療機関のＩＴシステムは、非専門家からファイアウォールで情報保護されているという状況である。そのため、専門家と介護者のあいだには情報の円滑な流れが起こりそうにない。ケララ州のような隣人ボランティアと正式な医療との統合は、西洋の文脈では表現の見込みが薄い。

こうしたことは、人生最終段階の政策決定の中央舞台に慈悲共同体が向かうのを妨げない。最近の英国を含むいくつかの国では、このような動きが起こっている。もっと古くからある緩和ケアと同様、エビデンスより情熱がその原動力である。そして、緩和ケア(および他の医学分野の一部)と同様に、情熱に駆り立てられた先進事例がうまくいけば、やがて適切な評価を受けることになるだろう。参加型のアクション・リサーチも、共同体づくりと親和性があるため、役割を果たす機会があるだろう(Heimerl and Wegleitner 2013)。

(14)　第八章では、家に引きこもった高齢者の孤立を緩和するのにソーシャル・メディアがどのように役立つかについて説明する。

1　行動することと話すこと

慈悲共同体の提唱者たちは、人々に話すだけでなく、行動するよううながす[15]。ここで考えておかなければならないのは、健康関連行動に変化を起こす方法には二つの見解があるということだ。一つの見解（共同体づくりのアプローチに好まれる）は、いわゆる死のタブーを破ることで、人々が死について話すことができ、その結果、彼らの態度や行動を変えることができるというものである（第二章）。もう一つの見解（家族の既存のネットワークを動員するアプローチに好まれる）は、地域で人生最終段階に直面している他者の支援に人々を巻き込むことが態度を変えるという見解である。禁煙など他の公衆衛生の取り組みや家庭でのリサイクルなど環境関連の取り組みで得られた証拠によれば、態度が行動を変えるだけでなく、行動が態度を変えることもありうる。建物で喫煙させないこと、リサイクルを要求することは行動に変化を強いる例だが、それによって態度もまた変えることができる。これが人生最終段階でどのように役立つかについて仮定の例をあげよう。ある一〇代の少女が、死が間近に迫っている隣人の犬を、毎日放課後に散歩させようと提案したとする。彼女は犬を連れ出すときと返すときにその家を訪れるが、そのたびに、死にゆく過程について学んでゆく。彼女が犬を散歩に連れて行く際に死について話す必要はない（必要なのは犬好きであることだけだ）が、犬を散歩に連れ出すという習慣は彼女に死について教えてくれるだろう。それはちょうど、子守を申し出ることが赤ん坊についての知識の獲得につながるのと同じようなものだ。アリエスの言葉を使うと、彼女は、ほとんどすべての幼い子どもが二〇世紀までやってきたように、死に慣れ親しむようになるのである。

地域に根ざしたこのような実用的な行動が、大都市のデス・カフェから広まることは考えにくい。そこでは、見知らぬ都会人が他の見知らぬ都会人と一～二時間話し合い、それから別々の道へと離れる。しかし、デス・カフェにはもっと別のモデルもある。主に農業地帯が広がるドーセット郡での慈悲共同体の先進事例であるダイ〔+〕アログ Diealog〔死ぬ die と対話 dialogue の造語〕は、「死について話そう、自分たちでケアするネットワークを育てよう」という招待状を掲げて、複数の小さな市場町でデス・カフェを提供している。ここでの目的は、実用的な行動につながるように一緒に話すことである。英国教会は、いくつかの教区で、潜在的に同様のモデルである**「墓で真面目に話そうか GraveTalk」**(16)を試行した。地域の会衆内ですでに互いを知っている人々同士で、死と死にゆくことと葬儀について話をするというものである。「GraveTalk」が教区内で、実用的な人生最終段階ケアの取り組みをどの程度うながしてきたかは、私の知る限り、まだ調査されていない。

2　多孔質施設

死の医療化として批判者たちが非難するものの相当の部分は、実際には死の施設化である。キューブラー＝ロス(Kübler-Ross 1969)は、癌〔など〕で死にゆく二〇〇人近くの患者と話をし、死ぬ人が多くの場合に通過する心理的および感情的なプロセスについて世に問うという影響力のある研究をおこな

(15)　たとえば、二〇一七年の「死に方は大事」キャンペーンは、英国人に死ぬことについて話すだけでなく、「自分に何ができるか」を考えるよう要求した。

(16)　訳注：「grave」には「墓」という意味と「重大な」という意味がある。

った。その舞台となったのはシカゴの大病院である。彼女が同定した「死に至る諸段階」[17]、つまり否定、怒り、取引、抑うつ、受容は、まさしく**全制的施設** total institution に入居し、以前のアイデンティティを失った新しい被収容者が感じる情動である(Goffman 1961)。そうだとすると、彼女が聞き取っていたのは、死にゆくことについてだったのか、それとも被収容者になることについてだったのか、それとも両方か、が問題となる。介護施設はもちろん、死にゆくことも病院も、当事者にとっては妥協して受け入れざるをえないような喪失を押しつけるものなのである。

社会学者のアーヴィング・ゴフマンが同定した全制的施設は、その純粋形態〔刑務所や強制収容所など〕では全制的である。しかし、寄宿学校や高齢者介護施設のような入居施設の多くは、全制的というほどではない。程度の差はあれ、入居者は、たとえば自分の服、髪型、所有物を保持することが許される。外出も来客との面談も可能である。言い換えると、施設と外界の境界線は、どこか多孔質porous なところがある。私は多孔質の介護施設や退職者の住む村に暮らす高齢の友人や親戚を訪ねたことがある。居住者のなかには地域共同体の一員として溶け込んでいる人もいる。なかには、自宅に引きこもって暮らしている〔地域の〕高齢者より溶け込んでいる居住者もいる。それに対して、ゴフマン(Goffman 1961)やタウンゼンド(Townsend 1962)などがずいぶん前に明らかにしたように、全制的施設にはそれ自体に人間性を剝奪する効果がある。したがって、死にゆくことを医学的出来事から共同体／家族の自然な出来事へどう変えるかという問いは重要だが、それだけでなく、次のような問いを立てることにも価値がある。つまり死にゆく人が多くの場合に自分を見出す施設のあり方は、より多孔質のものになりうるか、またどのようにして、そうなりうるか、である。多孔質とは、当事者自身の社会的ネットワークや、より広範囲の共同体を排除しないことを意味する。とはいえ、どうしても「収容施設《アサイラム》」が必要な人はいる。そこは、彼らが外界から身を守れる避難所だからである。とりわけ、自分自身の家族から避難する必要のある人はいる。

3　死と共同体

デュルケム以来、社会学者と人類学者たちは次のことを示してきた。死は確かに人が所属する集団（家族から共同体、国家全体に至るまで）の日常を寸断したり、時には集団をばらばらにしたりする。それでも、死に対する社会の応答は、逆説的に人間社会の主要な原動力の一つになる。これはどのような仕組みなのだろう。ピーター・バーガー（Berger 1969: 52）が述べたように、人間社会は「死に直面することで互いにつながった」人々から成り立っている。より具体的な話をしよう。私は、自分の住む街で、隣近所の人々が死にゆく住民を支え、そのことが隣人同士に結束をもたらし、その結果、数十年にわたる絆が作り出された事例を繰り返し見てきた（Walter 1999a）。言い換えれば、社会関係資本と社会的ネットワークは、必要に応じて使い果たされるような有限の資本ではない。むしろその逆である。つまり、それらは使うことによって広げたり、強めたりすることができるようなものなのである（Horsfall et al 2011）。

豊かさにより、人々はこれまで以上に自立した生活を送ることができるようになった。どの家庭に

（17）　訳注：同じような境遇の人が社会から隔離され、管理された生活を長期間にわたって送る施設。

も洗濯機、冷蔵庫と冷凍庫、一台以上の車、複数のデジタル通信機器がある。そのような状況では、コインランドリー、地域の小売店、バス、映画館へのニーズは着実に低下する。それらが作り出す社会的な出会いも失われてゆく。しかし、赤ん坊、ペット、人生最終段階に近づいている人の身体は脆弱であり続けるので、手の届く範囲で注意を払う必要がある。その物理的ニーズを満たすためには、一緒に住んでいて世話や介護をする人(一人であれ複数であれ)が必要である。その人は時折、さらに近くに住んでいる人、つまり隣人の支えを必要とする。週末に隣人を使って、子守をさせたり、猫に餌を与えさせたり、薬局に行くときに死にゆく夫の側に座ってもらったりするためには、隣人を知る必要がある。さらに、そのことが隣人と知り合いになるのを助け、互恵的な義務を築くのを助ける。「外出するのを助けてくれてありがとう。いつでもお手伝いできることがあったら知らせてください」と。社会学者のマイケル・ヤングは、戦後英国の福祉国家の創設者であり、共同体研究の草分けである。彼は長寿だったが、その晩年にかけ、ロンドンのイースト・エンドで癌によって亡くなった人々にインタビューをおこなった。彼は次のように結論した。「死こそが、人類すべてのメンバーに共通の絆と共通の人間性を感じさせる共通の経験である」(Young and Cullen 1996: 201)。

問い

- この章で略示した専門職の四つの役割について話し合おう。
- 人生最終段階の公的サービスが、地域共同体内の下からの活動と連携するために、克服しなければならない課題は何だろうか。

- 自分の市区町村、隣人、雇用主、教会〔宗教施設〕は、健全な死の過程、介護、悲嘆をどのように支援することが可能だろうか。

第5章
なぜ葬儀をおこなうのか？

VICTORY
We are crowd-funding and collecting memories for Istvan's memorial.
We want to give Istvan a good send off. Funds will be for the cremation, a small plaque on the bridge and a memorial service at his church, St Matthews at Widcombe. St Matthews is doing the service for free, so funds are for refreshments and materials. Remaining funds will go to Dorothy House. Donations can be made at:
https://www.justgiving.com/crowdfunding/istvanmemorial?utm_term=ejJqNw39B
Memories can be sent to saragrimes@gmail.com
Or go to our facebook group "Istvan Memories"

この章では、現代の英語圏社会における葬儀観の潮流を検討する。それは葬儀を、宗教儀礼や家族の地位の誇示として見るのではなく、あるいはそれだけでなく、故人のユニークな人生の祝福として見る方向に向かっている。この潮流から、葬儀産業の構造と葬式貧乏について問題提起したい。その際、英国をケーススタディとして取り上げよう。

一　人生中心の葬儀

社会学者、人類学者、歴史学者、考古学者は、人間社会において葬儀を形作る要因として、宗教と社会経済的な地位という二つの要因を(他の要因よりも)強調する。これらが最近数世紀の英語圏社会の葬儀にどのように影響したかを、これから探ってゆきたい。その際、現代のより世俗的な社会への転換、そしてより大きな経済的安定への転換に注目する。

1　宗教変動

端的に結論を言うと、西洋社会の葬儀は、かつては故人の魂が正しい場所にゆくのを前向きに助けていたが、次第に後ろ向きになり、現世の生き様を祝福するようになった、ということになる。この移行は、一七世紀のプロテスタントによる宗教改革から始まった。宗教改革者たちは、自分の信仰と神の恵みによってキリスト者は天国に辿り着けるという主張にこだわった結果、家族の祈りも教会の祈りも死者を後押しすることはできないと明言するに至った。プロテスタント式の葬儀は、どんなにがんばってもせいぜい故人を賞賛して神に推挙することしかできない。したがって、一七世紀のイングランドとスコットランドのピューリタンの葬儀は非常に短く、儀式としては「薄く」、何か空洞が生じたような印象を残すものとなった。やがて、この空洞化は、メランコリックな詩や自然の観照を通じて悲嘆を表現するなど、さまざまな方法で埋め合わせられるようになった(Draper 1967)。余裕のある人は、葬儀後に豪華な宴会を催すことで故人の社会的地位を誇示した(Gittings 1984)。一九世紀までには知識人たちが地獄の実在に異議を唱え始めた。二〇世紀末までには、アメリカやアイルランド(北も南も)を除く英語圏の人々はほとんど地獄を信じなくなった(Walter 1996)。天国へ自動的に行けるなら、葬儀や服喪儀礼にはスピリチュアルな意味でおこなうべきことが事実上なくなる。それはカトリック教徒にとってすらそうだった。

二〇世紀後半までに、ほとんどの英語圏の国々は、少なくとも信条の堅持という意味で宗教的とは言えなくなってきた。二一世紀までにはアイルランド、そしてある程度はアメリカも含めて、同様の状況になった。一方、天国と魂が存在するという信念は損なわれることなく残った。一七世紀の時点では、祈禱書にのっとった宗教式の葬儀は、生前の生き様についてほとんど、あるいはまったく言及していなかった。だが、祈禱書に手がつけられないことが多くなったようで、その代わりに二〇世紀後半には、葬儀がもっと個性的なものになり始め、今では多くの人々が葬儀に人生の祝福を期待するようになった。これらは、しばしば個性的《パーソナルな》葬儀または人生中心の葬儀と呼ばれる(Garces-Foley and Holcomb 2005)。オーストラリア、ニュージーランド、そして今や英国でも、宗教の聖職者が導師とならない葬儀の数が増加している。それを導くのは宗教組織を代表しない司式者 celebrant で、彼らは故人の人生のユニークな祝福 celebration のために家族と協力して葬儀をプロデュースする(そこに宗教的ないしスピリチュアルな要素が含まれる場合と含まれない場合がある)。宗教の聖職者が導師となる葬儀でも、今や故人に対する賛辞や謝辞が入るのが普通である。それは聖職者や家族や友人のいずれかによって唱えられる。こうした聖職者が入る葬儀は、前向きに来世を見たり、後ろ向きに生前を振り返ったりする(Cook and Walter 2005)。

2 経済変動

産業化にともなって、農業人口は急速に拡大する工業都市に移動し、有給の工場労働者やサービス従業員になった。これは、地理的流動性だけでなく、まったく新しい種類の社会への移行を含むもので、**経済的な不安定さ**をもたらすのはもちろんのこと、概して強い**地位不安**を引き起こす。それに応じて、葬儀が家の品位を誇示する場になり、家の財力を反映した物質的な装飾品(棺、霊柩車、馬/車など)に費用がかけられる。ビクトリア朝英国のより貧しい家がこの傾向にならう場合、その根底にあったのは**みすぼらしい葬儀**と見られることへの恐怖だった(Richardson 1989)。地位不安定感に駆り立てられて葬儀に金をかける例としては、二〇世紀だと「バロック」風アメリカンの葬儀があげられるだろう。英国上流階級出身の作家ジェシカ・ミットフォード(Mitford 1963)は、容赦なくその贅沢さを批判した。他の例としては、急速に近代化した日本の葬儀があり、これはさらにずっと費用のかかるものだった（Bernstein 2006）。また急速に拡大する西アフリカの都市にも見られる。

二〇世紀半ばの英国における前例なき中産階級の拡大によって、多くの人々の社会的地位は安定し、葬儀での誇示はもはや必要なくなる。ほとんどの中産階級の葬儀はごく簡素なものになった。後から振り返ると、簡素すぎると言ってもよいだろう。一九八〇年代後半から、味気ない英国の葬儀をもっと意味のあるものにしようとする動きが始まるが（Walter 1990）、それは家の物質的な地位ではなく、故人のユニークな生き様と人柄に焦点を合わせていた。私はこれらを「脱物質的」葬儀と呼んでいる。**脱物質主義**（Inglehart 1981）は、経済的安定感を持つ人々に見られる個性的表現を重んじるような価値観を指す。それは、生活を続けるのに苦労している人々の価値観とはまったく異なる。後者はもちろん産業革命期には主流の価値観だった。それは、英国の葬祭業、および物質的な豊かさを誇示するための装飾を生み出した。これは、今日、多くの移民および労働者階級の葬儀が、中産階級の葬儀より手の込んだものになっている理由を説明してくれる。今日の労働者階級の葬儀には、身分と個性の両方を誇示するものもある。浪費と創造的な個性演出、物質的かつ個性的な良いお見送りである。

宗教変動と経済変動が組み合わさって、葬儀の目的は、前向きに天国を楽しみにしたり、家族の現在の社会的地位を誇示したりするものから、後ろ向きに故人のユニークな人生を祝福するものへと進化した。宗教的希望や地位誇示を組み合わせ、その両方をおこなう葬儀もある。いくつかのバリエーションはあるが（Walter 2005）、このような変容は、オーストラリア、ニュージーランド、英国、カナダ、米国で見られる。

二　古い構造のまま？

葬儀の目的が進化するにつれて、企業は新しい製品とサービスを提供するようになった。これから英国の状況を見てゆくが、葬祭業は、こうした進化の一部には難なく適応してきたものの、その他にはまったく適応していない。

産業革命前の英国では、不幸があると家族が教区の牧師に死を知らせ、その地域の大工から棺を買い、村から棺用担架を借りた。産業革命期には、多くの大工と運搬人がその仕事に葬儀屋 undertaker としての役割を加えた。現在では**葬祭ディレクター** funeral director（FD）が家族の主な請負業者となっている。ディレクターは遺体の納棺、保管、運搬を直接扱い、宗教的礼拝は外注している。葬儀が経済的地位を誇示するものになると、重要な問題は、棺と霊柩車がどれだけ手の込んだものであるか、馬は何頭いるかなどであった。それに対して、宗教的礼拝についてはほとんど考える必要がなかった。聖公会は聖公会の儀式、メソジストはメソジストの礼拝、カトリックはカトリックのミサであり、それぞれの儀式には賛美歌以外に選択肢がほとんど、あるいはまったくなかった。そういうわけで、主要な選択は物質的な葬具に関わるものだった。葬儀屋は葬具について助言し、その多くを自分で販売したため、請負人として適切であり、家族がすべてを手配するために駆けつける相手となった。葬儀屋は、宗教的礼拝や埋葬区画など自分で提供できないサービスを外注した。ビクトリア朝の葬儀屋は、人々の不安につけ込んで不必要な支出をうながしたとして、とくに小説家のチャールズ・ディケンズから厳しく批判された。そうしたこともあり、やがて物質的な葬具を調達しつつも、自分自身を遺体の監視者と葬儀全体の監督者／管理者として位置づけ直した。この役割は今日まで引き継がれている（Howarth 1996）。

しかし、今日の家族の多くにとって、大きな決断は、式をどのように個性的にするかである。遺体とその葬具より式そのものに焦点が移ったのなら、家族が式の専門家に最初から相談するのも理にかなっているように思われる。後は式の専門家が遺体の納棺・保管・運搬を外注することになるはずである。ところが、業界の構造では主要な業者のポール・ポジション〔もっとも有利な立場〕は物質的葬具の供給者、つまりFDに占められている。つまり構造だけ手つかずなのである。したがって、式よりも葬具について関心も知識もあるFDを決めることが家族にとって重要になることが多い。この構造は、ビクトリア朝の地位誇示に適しているが、個性的な式を営むにはもはや適合していないと言ってよいだろう。しかし、FDはポール・ポジションを放棄したがらない。それに、式典従事者〔聖職者や司式者など〕も、遺体を含むすべてに最終的責任を負おうとはしなかった。とくに聖職者は、時折葬儀を営むだけでなく教区も運営しなければならず、中小企業に転身するような立場にない。

そういうわけで、物質的な品々を通じて地位を誇示することに適している業界構造が放置された。業界は、個人的な記憶に集中したい服喪者にサービスするのに苦戦している。これは、葬儀の価格設定に反映される。「基本的な葬儀」の平均三七〇〇ポンド〔一ポンド＝約一四〇円〕の費用のうち、たった二〇〇ポンドしか聖職者または司式者に送られない。そこに、式場〔通常は火葬場の礼拝堂〕の使用料、式次第の印刷などでおよそ四〇〇ポンドが加わる。残りの三〇〇〇ポンドは、物質的な葬具〔棺、車両、

火葬作業員)、FDおよび火葬場でかかる総費用、および遺体ケアに使用される。(18)

一九九〇年代以降、より個性的な葬儀への需要が高まり、かなりの新製品と新サービスが打ち出されている。自然葬のための用地、個性的な棺を提供する会社、フリーランスの司式者など、成功しているものもある。それは、彼らがFDの下請け業者としての役割を受け入れているためである。FDはこうして家族に提供するサービスを増やし、イベント全体のマネージャーとしての役割を強化している。

しかし、他のイノベーションは、FDの棟梁《とうりょう》としての地位に挑戦することになるために苦戦している。家族にまず自分の所に来るよう招いた司式者たちもいた。彼らはセレモニーを考案し、遺体ケアと運搬をFDに下請けさせようとしたが、当然のことながらFDによって阻まれた。ごくわずかながら成功者もいるが、それは彼ら自身がFDになったからである。しかしもっと最近では、いくつかの新規FDが顧客に式と葬具の両方を上手に用意し、縫い目のないサービスを提供している。一部の既存のFDは、今では社内で独自の司式者を提供するようになった。そのため、同様の総合的サービスを、実践上は常にうまくゆくとは限らないが、理論上は提供できるという。

1 直葬

執筆時点(二〇一七年)で、英国の葬式(または儀式を伴わない葬送)のもっとも重要な革新は米国から輸入された直葬《ちょくそう》である。この場合、遺体は、事前の対面《ビューイング》も葬列も葬式もなしに火葬される。直接的処理のビジネスを立ち上げるのは比較的簡単である。自動車メーカーのマークを取り除いたバンと、火葬場に輸送する前に遺体を保管するために工業団地の一角を確保しさえすればよい。二〇一六年初頭のデヴィッド・ボウイの直葬は七〇〇ドルだった。英国での費用は一〇〇〇から一五〇〇ポンドである。[19] 遺体処理は式典から分離されているため、家族は数日または数週間後に追悼式をおこなうことも自由にできる（希望があればだが）。

では、なぜ直葬を選択するのだろう。自動車による葬列と完全な葬儀サービスの豪華さを避けることが、米国で数十年前に直葬が発展した際の元々の動機である。そしてこれが今日の英国にももっともよく当てはまりそうな動機ではある。とはいえ、少なくとも調査がない以上、業界内の逸話的なコメントから生まれた図式だ。通常、費用は問題になっていない。葬儀に平均三七〇〇ポンドなど支払えそうにない英国人の方が、しばしば物質的な誇示、つまり「良いお見送り」の手配が必要だと考える。彼らは、葬列や完全なサービスなしですませることを恥ずかしく思うようだ。その結果、直葬は、むしろ豪華さや儀式などに意味が見出せないゆとりのある中流階級の家族を比較的ひきつけやすいよ

(18)　www.sunlife.co.uk/press-office/cost-of-dying-2015/〔訳注：原注のURLは、二〇一九年一一月一七日段階では〈https://www.sunlife.co.uk/how-much-does-a-funeral-cost-in-the-uk-today/〉に転送される。それによると基本的な葬儀の平均費用は二〇一八年調査で四二七一ポンドに値上がりしている（二〇〇四年の二倍）。また、このページでは全体として値上がりし続けていることが強調されている。さらにこのページは二〇二〇年一月六日に更新され、二〇一九年は四四一七ポンドに値上がりしたと報告している〕

(19)　www.goodfuneralguide.co.uk/direct-disposal/〔訳注：原注のURLは、二〇一九年一一月一七日段階では存在せず、同様の情報は、〈https://www.goodfuneralguide.co.uk/way-go-home/〉にある。それによると、「一二〇〇から一八〇〇ポンド」に値上がりしている〕

うに見える。実際、これは多くの直葬会社の売り文句となっている。人生で尊敬と地位を明らかに獲得したため、死でそれを示す必要がないのは、この世のボウイたちである。僕の体は燃やすだけでいい、僕の歌をこれからも楽しんでくれればいい。

このレコードのB面には葬式に約三七〇〇ポンドを払うのに苦労している人たちがいる。だが、彼らは装飾をこらした車両や棺や葬列を持ってくるＦＤを回避して直葬を選択するというかたちで、コストを根こそぎ削減しようとしない。これは、葬式貧乏という現代的な問題に私たちを連れて行く。

三　葬式貧乏

英国の福祉国家は、一九四〇年代後半に万人向けの死亡給付金 Death Grant を導入した。もともとの額は質素な葬儀の支払いをするのに十分だったが、何年か過ぎると、葬儀費用の上昇に追いつかなくなったため、助成金は一九八七年に廃止された。その代わり、労働年金省の任意加入の**葬儀支払制度** Funeral Payment Scheme がシンプルな葬儀の費用を半分までカバーすることになった。しかし、葬儀から数週間経たないと、それが支給されるかどうかは決まらない。したがって、逼迫している家族が、どのような葬儀をおこなえるのか、またはおこなえないのかについて、十分な情報にもとづいた上で決定することはできない(Foster and Woodthorpe 2013)。執筆時点で、葬式貧乏は増加しており、改革を訴える団体、メディア、政治家によって取り上げられてきた(Work and Pensions Select Committee 2016)。しかし、葬儀費用を根こそぎ削減する方法、すなわちＦＤをサイドステップでかわして、遺体を亡くなった場所から処理する場所にダイレクトに運ぶことは、葬式貧乏にタックルするための政策提案に含まれていない。どうしてだろう。答えは、需要と供給の両サイドで見つかるかもしれない。

供給サイドでは、全国葬祭ディレクター協会National Association of Funeral Directorsが、メンバーたちに葬式貧乏と闘うために最大限の努力をするよううながしている。だが、驚くことでもないが、家族が彼らをサイドステップでかわす可能性を、彼らの方から許すわけがない。需要サイドでは、葬儀で借金を負うリスクのある人々は、そもそも経済的に不安定な人なのだから、物にお金をかけて社会的地位を誇示するような葬儀を望む可能性が高い（McManus and Schafer 2014）。このように、一九世紀の遺産は葬式貧乏を生み出すシステムとなっている。業界は、葬具というハードウェアと遺体ケアの販売に依存している。文化は、みすぼらしい葬儀を恥と思う心、または少なくとも「見栄えを良くしたい」という欲求を育んでおり、それらが物質的に不安定な家族、または少なくともそのような家族の誰かの心を捕らえて放さない。英国の現代の葬祭業の構造が、遺体ケアや物質的誇示よりも儀式を重視する家族にとって不適合なら、葬儀費用を捻出するのに苦労するような人々にとっても不適合である。それではどのように葬式貧乏に取り組め《タックルすれ》ばよいのか。

ＤＩＹ葬 Do-it-yourself funerals〔自作葬〕は、家族がＦＤや司式者や墓地のすべて、またはいずれかを省くもので、コストを削減するもっとも徹底的な方法である。だが、ごくわずかな人によってしか選択されないだろう。もっと重要なのは、公衆衛生のための葬儀、自治体葬、慈悲共同体、文化的普及である。

1　公衆衛生のための葬儀

ほとんどの家族が選択しない選択肢がある。それは遺体処理を拒否することである。その場合、地方の自治体 council が、土葬または火葬する法定義務を負い、財産から費用を回収しようとする。財産に金銭的価値がない場合、この「公衆衛生のための葬儀」[20]、これはみすぼらしい葬儀の現代的な言い換えだが、これに対して自治体は支払わなければならなくなる。葬儀は、見た目には非常にシンプルな標準的葬儀と何ら変わりはない。そのため悪い評判《スティグマ》を招くほどではないかもしれないが、多くの家族には受け入れられないままである。

2　自治体葬

いくつかの自治体は、地域の特定のFDと契約して、家族に割引価格の「自治体葬」を提供している。たとえば、カーディフ、ノッティンガム、ハウンズローの提供する自治体葬の場合、火葬費用を含めて約二〇〇〇ポンドで済むが、そこには牧師や司祭の費用は含まれない。ただし、このオプションは選択肢を大幅に削減する。とりわけFDの選択ができないのは大きい。それでも総費用は、葬儀支払制度がカバーできる範囲を超えるかもしれない。

3　慈悲共同体

これらとはまったく異なるモデルがある。それは、共同体が葬儀を手配し、支払う、またはそのいずれかをおこなうことである。たとえば、困難な経済状況にある家族が文化的に適切な見送りを故人のために用意し、おそらくかなりの物質的な誇示も含めようとしているとする。その場合、共同体が家族の支払いを助けるといったかたちである。その手段としては、個々人による寄付か、共同体の行事、たとえば故人を記念するような「ファン・デイ」[21]などで寄付を募るといったものがある。私の町のもっとも貧しい地域でも、このような例がいくつか見られた。英国では同種の例が時々ローカルなニュース・メディアで報告されている。サハラ以南のアフリカでは、このようなアプローチは珍しくもない(Jindra and Noret 2011)。インターネット上でのクラウドファンディングは可能性を高めるだろう。日本では、葬儀またはそれに先立つ通夜では、必ず参列者が家族に香典と呼ばれるいくらかの金額の寄付を包み、家族はその後、出席者にいただいた額より少額の品物を贈ることでお返しをする。これは、葬儀の支払いに役立つと同時に、重要な人間の絆が打ち砕かれたまさにその瞬間に、幅広い人々の相互の絆を強化する。

また別のモデルとしては、ダービーシャー州の町、ダーリーデールの共同体葬祭会 Community Funeral Society〔CFS〕によるものがある。CFSのスタッフはボランティアで、死から葬儀までの

---

(20) 訳注：「burial」「bury」は基本的に「埋葬」「埋葬する」と訳しているが、火葬との対比での土葬を指すときは「土葬」と訳している。火葬の後に残った遺灰を地中に「埋める」ときにも「bury」を使うので、「burial」を自動的に「土葬」と訳すことはできない。

(21) 訳注：イングランドで「fun day」とは「さまざまな娯楽や遊びなどのイベントを組み合わせた日」で、日本の場合、伝統行事と無関係におこなわれる地域の「まつり」のようなものに相当するだろう。

サポートが共同体の責任になりうることを理解している地元FDの一人が遺体の扱いを請け負う。[22] CFSは、ボランティアで運営されるユダヤ人埋葬会と似ている。こうした例はどれも「慈悲共同体」の概念に合っている(第四章を参照)。そこでは、人生最終段階〔人生の終わり〕[23]は共同体の責任と見なされる。その結果、悲嘆している家族は共同体から孤立するのではなく、共同体に統合される。

4　文化的普及

おそらく、葬式貧乏を減らすためのもっとも効果的な長期的方法は、具体的な方針や実践ではない。敬意を丁重に表すような葬儀の方が故人のユニークな人生と個性を記念したり、祝福したりすることになるという通念、これを継続的に文化面から普及するのが望ましい。この考えがもっと広く深く根づけば、貧しい家庭は物質的な誇示が必要なのか、期待されているのか問い直すようになるだろう。DIY葬に関して書かれたあるブログは、これがどれほど難しいかを認めている。

貧困家庭がみすぼらしい葬儀に対して感じる恐怖と恥を、私の祖母は植え付けました……まったく正直に告白しますと、私は、人からどう思われるだろう、葬儀を安く済ませようとしていると思われるんじゃないかって、心配していました。自分が受けてきた条件づけの根深さに気づいたときは、ショックだったし、ぞっとしました。お世話になった職員の方はみんな親切で、私たちが条件づけを克服するのにとても役立ちました。私たちは一度たりともジャッジされていると感じなかったんです。[24]

この葬儀に参列した人たちも皆ポジティブな気持ちで家路についたのなら、物質的な誇示が必要なのか疑問を抱くようになるかもしれない。人生中心の儀式は物質的誇示より適切に敬意を表することになるという考えは、最貧困家庭にも浸透する可能性がある。ただ、当然視することは決してできない。[25] 二〇世紀末以前の葬儀改革者は、物質的誇示を削減しようとしたが、代わりになるものを何も

(22)　http://communityfunerals.org.uk/the-darley-dale-cfs/

(23)　訳注：原語「end of life」は、癌などの「末期 terminal」と異なり、認知症など比較的長いスパンの人生の最後の段階をも指すことから、日本では「人生の最終段階」などと訳される。しかし、「段階」という言葉は原語にはない。著者ウォルターに確認したところ、「end」の期間の長さは論者や文脈によって微妙に異なってくるようである。この文脈では葬儀の局面なので、生物学的な意味での「生命の終わり」を指す。それが人生最終段階を共同体の責任とする慈悲共同体の理念とも合致するということを示唆している。

(24)　Honouring Michael's Last Wishes〔マイケルの最後の願いを偲んで〕: www.greenfieldcoffins.co.uk/about-us/latest-news/item/77-honouring-michael-s-last-wishes〔訳注：訳出時には下記に移動。〈https://www.greenfieldcoffins.co.uk/about-us/latest-news/honouring-michael-s-last-wishes/〉〕

(25)　二〇一五年葬式貧乏を考えるスコットランドのワーキング・グループ The 2015 Scottish Working Group on Funeral Poverty の調べによれば、「葬儀の複雑さと費用は……故人への尊敬と愛と結びついている」という「信念が強まっている」。http://data.parliament.uk/WrittenEvidence/CommitteeEvidence.svc/EvidenceDocument/Work%20and%20Pensions/Bereavement%20benefits/written/26543.html, Section 4.1.2

提示しなかったので、中産階級にしかアピールしなかった。今日の人生中心の葬式であれば、もっとも裕福でない人にとっても、意味のある代替品になりうるだろうか。

問い

葬式貧乏に取り組む最善の方法とは何だろう。

第６章
どう遺体処理するか？

地球規模の人口増加と都市化に伴い、ますます多くの生者の身体が互いに密着して暮らすようになった。これらの身体が死んだらどうなるのだろう。どのように処理されるのだろう。この問いは、急速な都市化を経験しているほとんどすべての国の当局に課題を突きつけている。この章では、まずいくつかの問題を洗い出す。次に、すでに採用されている、または将来見込みのある解決策を大まかに説明する。問題の多くは、衛生、汚染、環境保護の枠組で論じられてきた。しかし、人類学者のメアリー・ダグラス(Douglas 1966)が指摘するように、そのような懸念を常に額面どおりに受け取ることはできない。それらは他の何かを表象または象徴していることが多い。したがって、われわれは惑わされることなく、この特殊な領域を探検していかなければならない。

一　さまざまな問題

1　衛生

一八世紀後半から一九世紀初頭に都市人口が拡大した際、ヨーロッパのいくつかの国では土葬の危機が発生した。田舎の教会墓地に土葬する中世的システムでは、新しい墓を掘る際に出てきてしまう古い骨は、再埋葬するか納骨堂に安置していた。だが、都市の墓掘りが、自分は腐敗中の肉を掘り起こしているのではないかと気づいたとき、このシステムは失敗した。改革者たちは、墓地が病気の原因になっているとする疾病瘴気説《しっぺいしょうきせつ》によって、公衆衛生上問題があると主張し、代替案を提示した。文化史家のトーマス・ラカー（Laquer 2015）によれば、これは少なくともイングランドでは事実に裏付けられていない仕組まれた精神的パニックであったという。人間や動物、とくに馬の糞や尿など生物由来の有機物、それに残飯も加えると、これらの腐敗物は、人間の死骸の二〇〇倍以上の量もあった。また、多くの教会墓地で、遺体の数が飛躍的に増加したという事実はなかった。では、匂いと衛生に関する強迫観念はなぜ突然登場したのだろうか。死者はなぜ突然汚れて危険になったのか。ラカーの答えは、既成の英国教会に属する教会墓地で、非国教徒と無神論者がニーズを満たせなかったため、国教会の独占を掘り崩す口実として公衆衛生を持ち出してきた、というものである。フランスの歴史家アリエス（Ariès 1981: 409–556〔邦訳三五九〜四九七頁〕）は、家庭内の愛情の絆が台頭したことが、死者にもっと敬意を表することができるような安息地を提供しようという動機につながったと指摘している。原因が何であれ、ヨーロッパ全体に**世俗的墓地**という新しい概念が登場した。世俗的墓地では、生きている人々の感受性や衛生を損なうことなく、宗教的に多様な人々を埋葬することが可能になった。

二世紀が経過した現在でも、土葬改革者たちは公衆衛生について引き続き懸念している。だが、焦点は衛生ではなく、汚染に移っている。この場合の汚染とは、土葬ではなく火葬によるものである。火葬炉から排出されるものには、棺（ベニア、合成材の取っ手）、棺のなかに置かれた物体（テディ・ベア、おもちゃ）から蒸発する物質がある。さらには水銀の歯の詰め物がある。英国の浮遊水銀のうち、火葬炉から発生したものの割合は、推定で五%から一六%である(DEFRA 2003)。今日では、英国の一九九二年環境保護法 Environmental Protection Act など、ヨーロッパの環境関連立法は、火葬炉からの排気を濾過《ろか》し、有害物質を除去するよう求めている。

2 宗教的多様性

都市には多様な人々が集まる。それは、遺体処理に関する多様な文化的伝統や宗教的な決まりも一緒に付いてくるということである。したがって、一九世紀に非国教徒が世俗的墓地のためのロビー活動をしたのと同様に、二一世紀にはムスリムが墓をメッカの方向に向けるよう要求したり、ヒンドゥー教徒が火葬炉に棺が入るところを見届けたいと要求したりする。

3 敬意

遺体処理はとても物理的な事柄ではあるが、それはまた個人とつながりのある人々に強い情動を呼び覚ます。悲嘆を引き起こすだけでなく、魂のゆくえについての懸念も引き起こす。人類学者ロベール・エルツ(Hertz 1907)が一〇〇年以上前に論じたように、またそのあとも伝統社会を対象とするいくつかの研究で確認されたように、遺体のゆくえ、魂のゆくえ、服喪者のゆくえは密接に、象徴的に関係している。死者を敬う気持ちという人間的な感情と、敬意のこもった遺体処理とは複雑に絡み合い、公式の宗教や民俗宗教や個人心理と関係している可能性がある。

子どもからの敬意は、何千年にもわたって中国文化の核をなしてきた。子どもによる最高の思慕と敬意のこもった行為とは、自分の親を土葬することと、祖先祭祀を形で表すために、一年のなかでも決まった時期に墓のそばで儀礼をおこなうことだ。現代中国都市は大規模な人口移入を経験しており、当局は現在まったく突然の通知で一〇〇〇万から一五〇〇〇万の墓の中身を別の場所に移している。これには悲痛の声が上がっている。二〇一四年にはいくつかの都市で、火葬が唯一の選択肢になった。その結果、高齢中国人のなかには、土葬されることを望んで、条例が制定される前に自殺する人も出てきた。そうすれば、死後確実に祖先としての地位につくことができるからである(26)。

とはいえ、新しい環境へ伝統的な敬意を適応させるのに成功するケースは珍しくない。シンガポールでは墓地が一つしか運営されておらず、火葬が奨励されているが、祖先祭祀は新しい設備、たとえば訪問者の便を考慮した超モダンな納骨堂などと結びつくことで進化を遂げている。英国ではヒンドゥー教徒がインドで実践されている伝統的習慣を翻案した。その習慣とは、屋外で薪の上で火葬する際に途中で長男が故人の頭蓋骨をたたき割って開くというものである。英国のヒンドゥー教徒は、近代的なガス火葬炉へと棺が滑り込むのを見届けるという一点だけは譲らないと主張した。敬意と儀礼と処理テクノロジーはすべて互いに適応し合っている(Aveline-Dubach 2012)。

4　エコロジー

今日、多くの西洋諸国では、エコロジー言説が死者の遺体処理に大きな影響を与えている。ここで

---

(26)　https://library.stanford.edu/projects/chinesegraves

の懸念が、服喪者や近隣地域に直接影響するような汚染でないことは明らかである。二酸化炭素排出を含む地球環境へのより広い影響である。ごく最近まで米国では飾り棺 casket をコンクリート枠に埋葬するのが遺体処理の標準仕様だった。その米国で、環境への配慮を呼びかけるウェブサイトが、喪主になる可能性のある客を想定して、こうアドバイスしている。「米国の墓地には、毎年約八〇万ガロン〔約三〇〇万リットル〕のホルムアルデヒドを主成分とする防腐液が埋められている。一〇エーカー〔約四万平方メートル〕の典型的な墓地には、一〇〇〇トン近くの飾り棺の鋼、埋葬用枠に使われる二万トンのコンクリート、四〇軒の住宅を建てるのに十分な量の木材が含まれている[27]」。

英国では焼却炉にスポットライトが当たっているが、これは二酸化炭素排出量を簡単に監視できるからという事情が大きい。その一方で墓から発散するメタン〔二酸化炭素よりはるかに強力な地球温暖化の要因〕は測定が非常に困難である。自然葬 natural burial[28] の方がエコロジー的だと思われているが、必ずしもそうではない。遺族が自然葬地へ向かうために何マイルも遠くへ運転する場合、地元で火葬するより多くの二酸化炭素を排出するかもしれない。また、インドで見られる野外火葬の薪は、近代的なガス・電気火葬炉より何倍も多くの汚染物質を出す。インドのある州では、薪からの排出物は「化石燃料の燃焼によって地域で生成される炭素質エアロゾル〔大気中微粒子〕の総質量の約二三％」を占めると推定されている（Friedman 2014）。

二　持続可能性——処理技術

敬意が込められ、衛生的で、エコロジー的と見なされる遺体処理を実行してゆくことが、持続可能とは限らない。これからさまざまな遺体処理技術を見ることで、このことが明らかになるだろう。

1　ヨーロッパの墓の再利用

すでに述べたように、村の教会墓地内で墓を再利用する慣行は、一二世紀前の人口爆発まで、一〇〇〇年以上にわたってヨーロッパの死者埋葬を維持してきた。一九世紀ヨーロッパの大陸側では、中世の再利用方式が、もっと合理的な再利用方式に置き換わった。たとえば今では、家族は墓を特定期間リースしている。私の経験では、アントワープ郊外の村でわずか八年、フィンランドの一部で三〇年のリースである。この期間を過ぎると、家族はリースを更新するための料金を支払うか、他の人が墓を再利用できるようにリースをやめるか選択できる。こうして埋葬地は収入を生み出し続ける。すべての墓はいま関心を持っている家族にリースされているため、家族に手入れされると見込まれる。したがって、放置された状態の墓はまれである。ただし、火葬が増加するということは、古い墓が新しい墓に置き換わらなくなることを意味する。たとえばデンマークとスイスのいくつかの墓地では、リース期限が切れた墓石を取り除いた跡が、見放されたように空き地状態になっている。

---

(27)　https://www.sevenponds.com/after-death/environmental-impact-of-death

(28)　訳注：日本では「自然葬」というと、火葬した遺骨や遺灰を地中に埋めたり、その上から植樹したり、海に散灰したりすることを指すことが多い。しかし、ここで「自然葬」と呼ばれているものは自然な土葬 burial であり、遺体の焼却(二酸化炭素を排出する)を伴わない。

2　英国の墓地

英国は一九世紀にはアイルランド全土を含んでいたが、その対応策は〔大陸と〕非常に異なっていた。庭園ジャーナリストとして人気のあったジョン・クラウディウス・ラウドン John Claudius Loudon の一八四三年の手引きを指針とするかたちで、恒久的な墓を含む新しい墓地がそれぞれの町の郊外に建設された。英国人は六フィート〔約一・八三センチメートル〕下の場所で安らかに眠り、決してその眠りを妨げられることはなかった。とくに盗掘者からは守られた。彼らは、当時活況を見せていた解剖学校に、その身の毛のよだつような商品の販路を見出したところだった(Richardson 1989)。ラウドンの予測によると、急速に拡大する都市では一世代か二世代以内に、どの墓地も満杯になるので、それを取り巻くように新興郊外が開発されるだろうという。だが、古い墓地も、立派な見本のような木を植え、建築家が設計した墓碑モニュメントで飾れば、緑のオアシスとして持続し、日曜日には感性と品性の向上のために都市住民が訪れる。地方自治体は、これに価値を認め、墓地全体の維持費を払うだろう。ラウドンは、新しい埋葬に対応するために、新しい都市周辺地域に新しい墓地が建設されると思い描いた。そして、これが無限に未来にわたって繰り返される、と。

持続可能性の戦略を取り入れた素晴らしい計画だ！　しかし、成長し続ける都市内部に都市民たちが緑地を望んでいるという予測は、まったく正確すぎた。都市は都市公園を建設し始めた。すぐに大衆は、子どもたちと犬とクリケットのバットとボールを伴って地元の公園に行くようになった。ゴシック墓地には向かわなかったのである。これにより、都市の墓地は座礁したようにとり残されてしまった。数十年後には売るための墓がほとんどなかったため、民間墓地の多くは財政難に陥り、自治体に引き継がれた。自治体は、維持管理を必要とするがほとんど役に立たず、収入がほとんどまたはまったくない大規模な市有地を抱えることになった。こうして埋葬危機は、衛生危機から財政危機に移行した。

3　アメリカの芝生墓地

英国の墓地は、家族が墓の世話をすることを仮定していた。しかし、数年後には悲嘆は弱まる。五年、一〇年、二〇年と経つにつれて、墓の面倒を見ることにもっとも関心を持つ近親者である服喪者自身も死んでいく。または家族がその地域から移動する場合もある。無料の労働力がなくなり、墓地に金も入らないとなれば、墓は荒廃し、危険な場所となる。

英国と同様に、米国も恒久墓地方式を発達させた。しかし、アメリカの家族は、州のあいだを何百または何千マイルも引っ越しすることがあるため、墓地会社は墓の管理を家族に頼れないことを思い知る。ここから二つの革新がもたらされた。第一に、墓地は「永代管理」の費用が追加された金額で販売された。これは墓地会社への投資となり、それによってすべてのメンテナンスをおこなうことが可能になった。第二に、芝生墓地、ついで追悼公園《メモリアル・パーク》が発明された。そこには最小限の墓標しかなく、墓標は、たとえば地面から同じ高さにそろえられた小さな金属の飾り板などで、墓地全体は芝で覆われている。こうすればメンテナンスは芝刈り業者による毎週の刈り取りだけですむ。その料金は永代管理基金から支払われる(Sloane 1991)。だが、このような墓地はどちらかと言えば無個性である。その反動から、さらに後の時代になると、二〇世紀半ばの英国の火葬場での葬儀と同様に、もっと個性を求める動きが出てきた。

4 火葬

英国の墓地は、継続的な収入と維持管理を確かなものとする大陸側ヨーロッパとアメリカの両方のシステムを取り入れなかったため、財政的に持続不可能になった。その結果、英国は火葬が普通になった西洋最初の国となった。二〇世紀半ばの英国人がとくに火葬を望んだからでも、火葬が良いと確信したからでもない。また、英国がとくにスペース不足だったからでもない(それは再利用で解決できた)。むしろ、持続不可能なビクトリア朝の墓地を受け継いだ自治体が、火葬場を建設して財政再建することを選択したからである(Jupp 2006)。当時は、つまり一九四〇年代から一九六〇年代は、火葬に反対する宗教的少数派(ローマ・カトリック、東方正教会、イスラーム)に属する英国人は相対的にわずかだった。自治体の邪魔をする人はほとんどいなかったのである。スペインやイタリアのように、今日に至るまでヨーロッパでも火葬率が最低の国は、墓地の混雑が最低だからというわけではなく、カトリックで一枚岩の状態だからである。それは、ギリシャやルーマニアが正教会で一枚岩であるのと同様である。

米国の火葬の歴史はまったく異なる。火葬は、飾り棺の周りで何の儀式もおこなわない直接的遺体処理として米国に導入された。経済的に安定したアメリカ人は、これによって二〇世紀半ばのバロック式葬儀の誇示、儀式、派手な飾り棺を拒否できるようになった(第五章を参照)。アメリカ人たちは火葬イコール葬具やサービスがないことと理解したため、当然のことながら、アメリカの葬祭ディレクターたちはそれに精一杯抵抗した。一九九〇年代初めになってやっと、少数の開明的なＦＤ〔葬祭ディレクター〕たちが、まったく稼げないくらいなら火葬で数百ドル稼いだ方がましだと悟った（Kubasak 1990）。それ以来、次第に多くのＦＤたちが火葬を受け入れるようになったため、次第に多くの家族が火葬を選択するようになった（Prothero 2000）。英国で二〇世紀に火葬が「フル・サービス」として発達し、二一世紀にやっと直葬が利用可能になったとすれば、米国での状況は逆に直葬からの発展であった。

三　新しい概念――散布技術

以上の技術はすべて、遺体を処理 dispose しようとする試みだが、それは取り除く、片付けるということを意味する。(29) しかし、現代の環境言説では、いかなるものでも処理すれば終わりということには決してならない（Hetherington 2004）。廃棄物処理は物質を根絶することではなく、再配置および／または変換することである。廃棄するべき固体と液体を除去することに処理が成功したとしても、それらを地下に再配置するか、海洋に散布するか、温室効果を引き起こす可能性のあるガスに変えるだ

(29)　訳注：否定を表す「dis」と「置く」を意味する「pose」から成り立つという説明である。なお訳語として採用した漢語の「処理」は、「あるべき所に落ち着ける、始末する」を意味する「処」と「筋道を立てておさめる」という意味の「理」からなる。

けである。それぞれが生態系に影響する。したがって、環境言説は処理についての理解を変えるよう迫る。何も「永遠に」取り除くことはできないからである。

この言説は、英国の土葬および火葬に関わる業界で見られるようになった（Rumble et al 2014）。一九九〇年代以来、自然葬、焼却炉からの熱リサイクル、人間の遺骸を溶解または凍結乾燥《フリーズドライ》する提案など、すべての遺体処理の革新は環境レトリックによって売り込まれてきた。これらのイノベーションのそれぞれは、死者の遺骸をリサイクルしたり、変換したり、日常の環境に散布したりする。これは、販促資料がセールスポイントとしてしばしば強調する特色である。

1 自然葬

一九九三年以来、英国の至る所に二〇〇を優に超える自然葬地 natural burial grounds（ＮＢＧｓ）が設立されてきた。これらは、いま森または牧草地となっている場所、あるいはそうなる予定の場所に遺体や遺灰[30]をまるごと埋めるというものである。いっぱいになると、牧草地または森は自然の景観の一部になる。一部の自然葬地は、やがて野生生物の慈善団体またはトラスト〔土地を買い上げて管理する共同出資団体〕によって管理される自然保護区になる。その目的は、埋葬スペースに見えないような空間を創造すること、地域の動植物に満ちた牧草地や森林のように見えるか、やがてそう見えるようになる空間を創造することである。英国の自然葬言説では、人の遺骸は自然を養い、生き物を維持する自然界の一部になるという（West 2008; Davies and Rumble 2012）。

この「自然な」という言葉は、文字通りのものではなく象徴的なものとして理解されるべきである。

大型哺乳類が死んで分解される唯一の自然な場所は地表であり、そこで虫、ハエ、清掃動物に食べられる。地下への埋葬は自然なものではなく、文化的なものである。しかし、多くの服喪者は自然葬を、自分の、または故人の〔自然を大事にするという〕価値観を象徴するものとしてとらえ、彼らが訪れるのに快適と感じる〔自然な〕環境を提供するものとしてとらえている。

他のいくつかの英語圏の国々を見ると、それぞれのバージョンの自然葬がある。各国の象徴体系は、その国の具体的な自然に関する神話を反映している。ロードン（Raudon 2011: 18）は、ニュージーランドの緑地葬 green burial が、エコロジーよりも自然に近づくことに関係があると論じている。その自然とは叢林地帯や人里離れた世界を指す。「おそらくイングランドでは人生を終える際に at the end of life 世界にお返しするのは善良な市民にとってささやかな義務だと考えられている。他方、ニュージーランドでは、死後であっても土地を要求することが、全市民の権利の一つと見なされている」。米国にも、同様の意味づけは当てはまるだろう。米国もまた、白人の開拓者と空っぽの土地と肥沃な土壌という国民的神話を持つ、もう一つの移民社会なのだから。

2　火葬

自然葬の支持者は、大量のエネルギーを消費するコンピューター制御のハイテク炉である近代的火葬と反対のものとして自然葬を描写することが多い。しかし、火葬に関しても、やはり環境主義が新

(30) 訳注：この文脈での「自然葬」は土葬に限定されず、火葬後の遺灰を埋葬することを含む。

しい言語、新しい技術、新しい運用慣行を生み出すきっかけとなっている。英国の火葬業界は、いま環境保護のための経済的誘因と法的要請に応答して、排出物を冷却し、水銀を液化して除去できるようにしている。少数の火葬場は、このプロセスで得られる熱（大部分は遺体燃焼によって発生する熱）を利用して、火葬場のチャペルや近くの建物を暖めている。さらに、チタン製の股関節など医療用インプラントは遺灰から取り除かれ、リサイクルされる。したがって、火葬は、他の形態の廃棄物処理と同様に、もはや処理〔除去〕にとどまる単純な事柄ではなくなった。代わりに、慎重に管理された再利用プロセスとなった。そして、遺体燃焼それ自体は生きている人々を暖めるのに役立てられるようになった。

3　アルカリ加水分解

アルカリ加水分解は、米国のいくつかの州で運用されていて、英国でも積極的に奨励されているが、これはもともと動物の骸骨を処分するために一九九〇年代に開発されたものである。その処理過程は、ステンレス製の容器に水と水酸化カリウムを満たし、そのなかで死体の有機物を溶かすというものである。熱と圧力が加えられ、遺体は、地域の排水処理方式でリサイクル可能な液体に還元される。この液体は、他に農業用肥料に使うことも提案されている。小さく残った骨片は「遺灰」に粉砕され、火葬の場合と同様に家族に与えられる。水銀の詰め物や医療機器などの残留無機物はリサイクル可能である。

アルカリ加水分解が人体を処理する方法として、今より一般的になったら、この処理法からリサイクルされた水を飲んだり、人間の遺骸からできた肥料を使って栽培された食物を食べたりするようになるかもしれない。これが文化的に受け入れられるかどうかを予測することは困難だ。しかし、コープ葬祭ケア Co-operative Funeralcare の委託でおこなわれたイングランドとスコットランドでの市場調査では楽観的な見通しが示された（Thomas 2010; 2011）。アメリカのニューハンプシャー州は、アルカリ加水分解を許可するように法律を変えたが、人間の遺骸が市の排水溝に排出されているという懸念から、数年後には取り消した。ある地方新聞は、賛成論と反対論の雰囲気を伝えてくれている。

支持者は……液体残留物が肥料として散布されたり下水道に放出されたりすることには反対していなかった。ノッティンガムの共和党員であるフランク・ケース Frank Case は、「自分のいのちを与えてくれたこの地球に、いつの日か何かを与え返すんだ、と考えたいとは思うよ」と語った。反対派は、この処理法は敬意を欠いていると述べた。「愛する人を肥料として使用したり、排水溝に流して下水処理場に送ったりするのは嫌だ」と、ベッドフォードの共和党員のジョン・セブロウスキー John Cebrowski は語った。（Love 2009）

4　凍結乾燥（プロメッション／クライオメーション）

プロメッション Promession は、スウェーデンのエコロジー教育家スサンネ・ヴィー＝メサック Susanne Wiigh-Mäsak が発明し、クライオメーション Cryomation として商標登録されたものである。これは液体窒素を使用して遺体を過冷却して砕けやすくし、振動を加え、一種の堆肥にするものである。これを土壌に浅く埋めるとすぐに被覆材《マルチ》に変換される。その環境認証は次のように強調されている。「クライオメーションは、人々により安全で、より環境に優しい選択肢を提供し、環境内の生命を持続させます」[31]。プロメッサ Promessa のウェブサイトには「プロメッション――エコな埋葬」という見出しがあり、堆肥から成長する若い芽が描かれている[32]。英国のように人の遺骸をほぼどこにでも埋葬することが法的に許されている国なら、故人となった家族の遺骸を庭の堆肥として使用するなどということも起こるだろう。法律上、この堆肥の使用が法定埋葬地に限られるような国であっても、人間が自然のサイクルの一部になっているというイメージは保たれるだろう。その象徴は、死者の居場所を示す墓石ではなく、生き物が食べるための新しいいのちを創造する新芽である。今のところ、この方式が実際に運用されている国はまだない。

5　遺灰についておこなわれる私的な儀式

別の、より非公式な変化が英国の火葬慣行には起こっており、散布という概念のイメージアップに貢献している。それは私的に遺灰を撒いたり埋めたりすることである。すべての国ではないが英国では合法であり、ここ数十年で人気が出てきている(Prendergast et al 2006; Hockey et al 2007)。多くの家族は、個人的な意味を持つ場所に遺灰を撒いたり、埋めたりする。それは、死より人生の思い出と結びついた場所で、裏庭、サッカー場、お気に入りのビーチや山頂などである。遺灰はすでに思い入れのあった環境の一部になる。しかし、それらはこうした場所に委ねられ deposited、処理 disposed されるにとどまる。

一方、散布の概念は遺灰にまつわる他の慣行にも見られる(Prendergast et al 2006)。一つは、遺灰がさまざまな服喪者のあいだに分骨される dispersed 場合だが、おそらくこれは散布 dispersal というより別々の場所での処理と言うべきだろう。より重要なのは、川や海に遺灰を撒くもので、実践しているのはヒンドゥー教徒だけでない。そこには、惑星の大海に散布されているというイメージが伴う。最後に、実際に土の上に撒くと灰は近くの地面にすぐ落ちるのだが、「風に」撒かれ、「君が見るすべての一部／君が呼吸している空気の一部」になるというイメージがあり、これが散布しているという幻影《ビジョン》を鮮やかに喚起する。この言葉は、ユーアン・マッコール Ewan MacColl の一九八〇年代の歌、『生きる喜び The Joy of Living』を引用したものだが、彼の火葬のときにも演奏されている。

6　政策と法律

一九世紀半ば以降、遺体処理のための政策は、生者の居住空間から離れた墓地や火葬場への物理的な遺体搬送を前提としてきた。これは現在、自然環境および／または日常環境への遺骸散布という新しい概念によって修正を迫られているか、少なくとも補完を迫られている。英国の都市計画に関する訴訟と裁判所は、新しい遺体処理法には今のところ反対していない。対照的に、ドイツの法律では、指定された教会墓地または共同墓地の敷地内の従来型の墓に遺体全体を埋葬することが義務づけられ

(31)　www.cryomation.co.uk/whatIsCryomation.html [accessed 23 September 2016]〔二〇二〇年二月一六日現在では削除〕
(32)　www.promessa.se/?lang=en

ている。自然葬は遺灰だけなら可能だが、他の技術革新は法的および制度的に容易には受け入れられないだろう。米国では、関連する法律は州ごとに定められている。以上のように、技術革新の成否とその程度は、法の歴史と枠組、および司法に左右される。

これらの新しい技術の支持者は、物理的環境への好影響を強調する。だが、社会的態度への影響の方が大きいと判明するかもしれない。これらの技術がグローバルな汚染の削減に貢献したとしても、インドの屋外での薪による火葬の汚染の方が、それを優に上回る(Friedman 2014)。また、温室効果ガスの削減に貢献したとしても、中国の新しい石炭火力発電所による温室効果ガスはその数千倍だ。それよりも、西洋の人々に環境だけでなく死について再考を迫る効果がある、と考えた方が理にかなっている。これらの散布技術は、実際には環境を左右せず、究極的には生者と死者の境界線を引き直すに至るかもしれないというわけだ(Douglas 1966; Howarth 2000)。最終章では、この可能性をさらに探ってみよう。

問い

エコロジーを意識した遺体散布は地球にとって意味があるだろうか、それとも葬祭業および/または服喪者の一部による象徴的なポーズだろうか。自分の遺体や愛する人の遺体のために、あなたは何をしてもらいたいと希望するか。また、なぜそうしてもらいたいと希望するのか。

第7章
どう喪に服すか？

Twinkle Twinkle
Little Star
Up in heaven
is where you are and
when the stars are
shining bright I'll blow you a
kiss and say goodnight.
SPECIAL BROTHER

深い愛着を覚える人の死を人間が悲嘆するのは、かなり普遍的であるようだ。多数の人類学的研究を通文化的にレビューした有名な論文が二つあるが、いずれにおいてもわかったのが、泣くことは死別への反応としてほぼすべての社会に見られるということである(Rosenblatt et al 1976; Eisenbruch 1984)。しかし、長期にわたって悲嘆することで何もできなくなってしまうと、種としての生存が難しくなる。服喪者はすぐにライオンに食べられ、子どもたちは飢えてしまうだろう。長期悲嘆は、遺伝的または文化的な進化の途上で淘汰によって退けられてきたに違いない。それでは、なぜ悲嘆はこれほど一般的な人間的経験なのか。定説によれば、人間、とくに遺伝的に関係のある人同士の愛着は、生存だけでなく、集団の協働や文化にとっても不可欠であり、悲嘆はそのような個人的愛着の副産物である。しかし、悲嘆は生き残るためには和らげられるべきである。先史時代と歴史時代を通じて多くの社会で、人々は、最初は喪に服して悲しむが、それが終わると生活をうまくこなさなければならなかったようだ。この章では、こうした悲嘆と生き残りのあいだの緊張、感情と経済のあいだの緊張は、社会がより豊かで経済的に安定するとどう変わるか、そしてこの変化が悲嘆の仕方に関する新しい規範にどうつながるかに焦点を当てる。

ストローブとシュット(Stroebe and Schut 1999)による死別対処《コーピング》の**二重過程モデル**は、この緊張に光を当てたものである。彼らによると、服喪者は二種類のストレスに直面しており、それぞれが対応を求めている。一つは喪失の苦痛であり、もう一つは生活を再建し、変化した世界に適応する必要性である。服喪者は通常、喪失と回復のどちらを向くかという二つのあいだを揺れ動く。一度に両方を向くのは不可能だとわかるのはしばしばである。個人であれ、家族であれ、社会全体であれ、生きてゆく上で回復と生存を優先しなければならない場合もあれば、より簡単に喪失について話せる場合もある。ある社会の文化が、これらのうち一方を他のものよりも優先することはありうる。たとえば感情表現よりもストイシズム(33)と唇を固く閉ざすことに(34)価値を置くかもしれない(Scheper-Hughes 1992; Jalland 2010)。あるいは服喪を、喪失を直視し、語れるようにする感情的、心理的なプロセスとして定義するかもしれない。豊かな西洋社会では後者の方が主張されるようになっている(Wortman and Silver 1989)。

以下では、「死別 bereavement」または「喪失 loss」は、誰かあるいは何かを失った状態を指し、「悲嘆 grief」は感じられたこと、「服喪 mourning」はおこなわれたことを指す(Lofland 1985)。英語圏の書き手のなかには、「服喪」という言葉を文化から要請された死別行動に割り当てる者もいる。しかし、その用語法は、悲嘆感情が文化的影響を受けていないという誤解を招きかねない(Walter 1999b)。私は多くの場合、「死別者 bereaved person(死なれた人)」や「悲嘆者 griever(嘆く人)」というあまり

(33) 訳注：原語の「stoicism」はストア派の哲学に由来しており、感情にとらわれず、運命を受け入れる態度を指す。「禁欲主義」という訳もあるが、この文脈では欲求の禁止と関係しないので採用しなかった。

(34) 訳注：原語は「stiff upper lip」でとくに恐怖や悲嘆の感情の表現を自制する様子を指す。イングランド人の美風とされる。

上品でない言葉より「服喪者 mourner（喪に服す人）」という言葉を用いることにする。

ここ数十年にわたって、死別にどう対応すべきかをめぐる現代西洋的規範は論争の的となってきたが、それはなお続いている（Doka and Martin 2002; Walter 1999b）。この章で取り上げる具体的な問いは次の通りである。死別ケアが焦点を合わせるべきなのは喪失か回復か、言い換えると感情か経済か。悲嘆は抑えるべきか、表現するべきか。死者は手放すべきか、ともに生きるべきか。個人が自由に自分のやり方で悲嘆することはできるか。私はこれらの問いを「あれかこれか」の問いとして提起する。実際に専門家も文化全般も、これらを相反するものと見なすことがある。だが、「両方」と答えるのが一番役立つというケースも珍しくはない。

一　感情か経済か？

人口学的、社会的、文化的な変化から読み取られるのは、近代西洋社会では悲嘆がとりわけ強く感じられるようになっているということである。第一に、社会全体が豊かになって福祉国家が実現した結果、肉体的生存に専念する必要が大幅に緩和された。つまり、個人的喪失について語るべきでない歴史的に見て大きな理由が一つ緩和されたということである。第二に、悲嘆の個性的な探求が、愛こそ生きる意味だというロマン主義的な概念構築（ロマンティック・ラブ）によって加速された。文化が心の内面の生活に焦点を当てたこととも連動している。それは一八世紀の小説の発明から始まり、現代の文化における弱さへの関心にまで続く（Furedi 2004）。第三に、核家族は、少数の親密な親族関係内のつながりの糸に関心を集中させる。これは、前例のない平均余命のために、何十年も続くことがある。その分、愛着は面倒さや複雑さにもかかわらず非常に強力となりうる。この地上で、兄弟姉妹は八〇年から九〇年、配偶者は五〇年から六〇年の時間を共有し、子どもは最終的に両親が亡くなるときには五〇代から六〇代になることもある（Lofland 1985）。これらすべての理由から、二〇世紀の死別は、たとえ悲嘆表現の是非や程度で意見が違ったとしても、親密な人を失うきわめて個人的で私的な感情的経験として概念構築されるに至った。

しかし、死別の影響は、感情的反応を引き起こすにとどまらない。アイデンティティの変化（たとえば妻から未亡人へ）、経済的問題（稼ぎ手の喪失）、社会的問題（配偶者の友人の喪失）、権力の喪失（地位の高い夫の死）、権力の増大（子どもが新たに家長になる）、スピリチュアルな苦悩および／または宗教的な支え、などの影響がある。このような状況を踏まえて、スーザン・レピドヴィン Susan Le Poidevin は未発表の教材のなかで、喪失の複数の次元を同定している。

1　アイデンティティの次元。喪失は、自分自身のとらえ方、価値観、自尊心をどう変えたか。

2　感情的次元。自分の感情をどう表現したか。感情の平衡はどう乱されたか。

3　スピリチュアルな次元。自分の喪失にどのような意味を与えたか。それは人生の意味にどう影響したか。宗教的信念は安らぎを与えられたか、それとも捨てられたか（それは更なる喪失を招いたか）。

4　実践的次元。日常的にこなさなければならないことにどう対処しているか。新しいことを学習する必要があるか。

5　身体的次元。健康はどのような影響を被っているか。睡眠、体重、ストレス関連の症状は［あるか］。

6　ライフスタイルの次元。家を引っ越したり、働き始めたり、社会的生活を失ったりすることを余儀なくされるか。

7　家族／共同体の次元。家族内外での役割はどう変わるか。共同体にはどのような支えがあるか。

レピドヴィンは、死別後にどの次元が表に現れるかは、個人によって異なるかもしれないし、時期によっても変わりうると主張した。援助者の仕事は、現時点で当人に問題を引き起こしているものを特定し、その問題に取り組むのを支援することである。一九八〇年代に考案された際、レピドヴィンの提示した次元には、経済的次元は明確に含まれていない。だが、いくつかの次元には喪失だけでなく回復も含まれている。

二〇世紀半ば以降、死別の援助者と研究者は、少なくとも英国では、経済的側面から感情的側面へ焦点を移したが、最近ではある程度、経済的側面に戻ってきている。一九五〇年代、英国（および他の多くの国）では、既婚女性の労働力参加率は、その後の数十年に比べてはるかに少なかった（Walsh and Wrigley 2001）。働き盛りの夫を亡くしたロンドンの未亡人に関するピーター・マリス（Marris 1958）の研究の知見によれば、大きな心配事は経済的困難だった。国際的にも尊敬されている英国一流の死別者慈善団体である「クルーズ死別者ケア Cruse Bereavement Care」が一九五九年に設立されたとき、団体は、未亡人の問題を主に社会的、経済的なものと見なしていた（Torrie 1987）。最初のファクトシートの記載事項は、所得税、住宅、健康と食事、年金、保険、子どもの教育、職業訓練である。後になってやっと、クルーズは心理カウンセリングに焦点を当てるようになった。女性の労働力参加率が高まり、福利厚生諸給付が拡大し、働き盛りの夫の死亡率が低下したため、未亡人が受ける経済的な衝撃は和らいだ。また、クルーズはあらゆる種類の死別をカバーするように、なかでも中年女性の老親の喪失をカバーするように進化した。親を亡くしたこれらの成人たちは、実際には親の死で金銭的に潤ったかもしれないが、それでも個人的な喪失を非常につらいと感じている。

二一世紀に入ると、英国における死別者組織と死別者研究は、もう一度、死別の経済的側面に注意を払うようになった（Corden and Hirst 2013）。それは、おそらく死別に伴う費用と葬儀の費用を支える福利厚生諸給付の減少を反映している（Foster and Woodthorpe 2013）。だがそれだけでなく、これらを〔複数の関係者ではなく〕一人でやりくりしなければならないという現実もあるだろう。ストローブとシュット（Stroebe and Schut 1999）による悲嘆の二重過程モデルは、生活再建という社会経済的課題と感情的な痛みとのあいだの揺れ動きをうまくとらえたもので、研究者やセラピストからの評判が良い。感情プロセスに注目したフロイト派のモデルや愛着モデルを補完したかたちである（Bowlby 1961）。パートナーを亡くして間もない英国人の体験に関する近年の調査では、二二％が所得低下による経済的影響でもっとも困っていると述べている。これは男性よりも女性の方が大きな影響を被っているという。〔家事について個別に尋ねると〕家の手入れは一六％が大変だと思ったという。料理は三四％が難しいと思ったという。洗濯とアイロンがけは三七％が苦労している（Trajectory 2016）。これは、性別役割分業を反映しているかもしれない。この調査のサンプルは高齢の服喪者を十分に含んでいない。しかし、肉体の加齢や障害が家事の再分業をうながすことだってあるのだから、まして死別に遭遇したら実生活での脆弱性はさらに深刻化しそうだ（Pincus 1976）。年配のカップルの場合、女性が元気で料理もできるなら、男性の方は手首に関節炎がなければ缶やボトルを開けることができ、そうして何とかやっていけるかもしれない。しかし、片方が、とくに健康な方が死ぬと、とり残されたもう片方は苦労する。これは、現代の英国で独り暮らしをしている、夫を亡くした高齢女性や妻を亡くした高齢男性が直面する実際的な課題である。米国やオーストラリアとは異なり、〔高齢者施設などにおける〕共同生活のための引っ越しは、英国では一般に最終手段としてのみおこなわれている。

次のセクションでは、経済的喪失と個人的喪失の関わりが引き起こすいくつかの帰結について検討する。

二　悲嘆を抑えるか、表現するか？

戦争の時代には、比較的豊かな社会でさえ、人々にストイシズムを期待するかもしれない。第一次世界大戦の塹壕では、兵士は自分の無二の親友がバラバラに吹き飛ばされても、悲嘆に泣き崩れるわけにはいかなかった。その代わりに、彼らはこう歌った。

「悩みなんて、古い道具袋に詰めて
　笑顔で、笑顔で、笑顔で」

このような態度は、本国で訃報を受け取った母親、妻、婚約者にも望ましいとされた。彼らは戦争に総力を傾け続けるために、軍需工場や農場で働き続けなければならなかった。そこには悲嘆に暮れるためのスペースなどまずない。歴史家のパット・ジャランド（Jalland 2010）によれば、第二次世界大戦で有名となった電撃精神《ブリッツ・スピリット》(35)は、戦い続けなければならないという気持ちから来る自然な反応ではないという。あるいはそう単純には片付けられないと主張した。それは、ウィンストン・チャーチル首相によってオーケストラのように慎重に演出されたものだった。チャーチルは、屈強な空襲警備員が老婦人を瓦礫から引き抜いて紅茶を差し出す光景や、牛乳屋が破壊された街路を配達し続ける光景が、新聞写真やニュース映画で確実に描写されるよう手を回した。これは今日の爆撃や災害のニュース報道とは大きく異なる。今日であれば、やつれて、呆然として、取り乱した犠牲者に、インタビュアーが家や家族を失ってどう思うか尋ねている光景が取り上げられるだろう。チャーチルが意図したのは、まずドイツ空軍が英国人に何を投げても受け止められると英国人に確信させることであり、そしてこれらのメディア画像を見るであろうヒトラーに、爆撃をしても英国人を屈服させることなど

(35)　訳注：電撃 blitz は稲妻のように急に襲ってくる空からの爆撃を指すが、大文字で始まる Blitz はとくに一九四〇年から一九四一年にかけておこなわれたドイツ空軍による英国都市への攻撃を指す。しかし、電撃精神は、本文の説明にあるように、電撃を日常の出来事ととらえるような精神を指す。

できないと確信させることであった。プロパガンダとして、しかも悲嘆を操作するという点で、それは見事だった。そして、それは後続世代の英国人に影響を与え続けたのである。

第二次世界大戦後、ひどい爆撃を受けた国ならどこでも再建の必要に迫られ、喪失よりも回復を重視していた(Stroebe and Schut 1999)。ドイツでは喪失というものについて思い悩むことは求められなかった。たとえ、それが家族の死であろうと、何百万もの人々が信奉していたナチスの理想であろうと、その理想が破壊した多数の生命であろうと(Mitscherlich and Mitscherlich 1975)。一九九〇年代になってやっと、こうした複雑に絡み合った問題が公に取り上げられるようになった。

ところが、より広く見ると、一九六〇年代、とくに英語圏の国では、ストイシズムに反発する動きが盛んに見られた。若いベビーブーム世代は、傷や痛みの感情を表現することが健全だと考えるようになった。抑圧は、フロイトが心の中で一定の機能を果たしていることを示したものだが、不健康だと見なされるようになった。この修正意見は、バーニス・マーティン(Martin 1981)のいう**自己表出的職業** expressive professions(ソーシャルワーク、ヘルスケア、カウンセリングなど)で働いている女性によってとくに支持された。だが、男性、労働者階級、商業中産階級に影響を与えるのには、より多くの時間がかかった。現在、悲嘆を含むストレス、傷、痛みに対処する最良の方法については、チャーチル流のストイックな人たち(しばしば年長者で、しばしば男性)とベビーブーム世代の表現主義者たちのあいだで意見が分かれている(Walter 1999b)。

男性でも感情表現をうながすことで助かる人がいるという証拠はいくつかある(Schut et al 1997)。しかし、悲嘆の表現が精神的健康に良いという証拠は、あくまで標準的な心理学的ツールで測定されたものである。自己表出的職業に携わる人々の多くが期待するほど圧倒的に肯定的な証拠というわけではない。実際、証拠の多くは肯定と否定が絡み合ったものであり、決定的と言えない(Bonanno 2004)。そして、このことは少なくとも三〇年前から知られていることなのだ(Wortman and Silver 1989)。ここから、遺族が悲嘆を公然と表明するべきではないとか、逆に感情を抑えるべきではないとか、そのような結論は引き出されない。人は自分が望むように感じたり、行動したりする権利を持っている。感情や行動をいちいち心理的健康の観点から評価される筋合いはない。悲嘆は人間の自然な反応であり、精神疾患ではない。精神的健康によって良い悲嘆を定義することは許されない。それは、医学の専門的意見によって良い死を定義することが許されないのと同様である。

これは、しかしながら医療・ケア領域で働く人々にとって厄介な問題である。彼らは人々の健康をケアするために雇用されているのだから、身体的および精神的健康を改善すると証明されていない、あるいは少なくとも無害だと証明されていない介入を導入する前には慎重に考えなくてはならない。騒動を巻き起こした教訓となる事例として、ヒューズ他(Hughes et al 2002)が綿密に設計した研究があげられる。これは、子どもを死産した母親にとって、亡くなった子をその目で見て抱きかかえることは有益だという病院のガイドラインを検討する研究である。研究者たちによれば、子どもを見た母親は一年後、子どもを見なかった母親よりも不安が強く、トラウマ由来の症状が多かった。さらに死産した赤ん坊を抱いた母親は、より強い抑うつ状態にあることがわかった。彼らは、注意深く研究の限界にも触れているが、過去にさかのぼっても他にまったく調査が存在しないので、ガイドラインを見直すべきだと指摘した(最終的にこれは英国でおこなわれた)。いまの所、死んだ子どもをその目で見て抱きしめたいという母親が仮にいれば、もちろんそうすることはできる。だが、これは奨励されるべきではない。確かに言えるのは、それが彼女らを助けるなどと言われるべきではないということだ。この慎重な言葉づかいで書かれた報告書に対しては敵対的な反応が起こった。それがかえって示すのは、ガイドラインが個人的な経験や、逸話風の証拠、情熱的な信念にもとづいており、それを弁護する人たちは、これらを放棄するのが嫌なのだということである。しかし、エビデンスにもとづいた医学 evidence-based medicine〔EBM〕が医療者に求めるのは、心身の健康を論証可能な仕方で改善するような実践を堅持することである(Halpern 2015)。

悲嘆を表現するべきだという価値観については二つの見解が見出される。一つの見解は、ストイシズムから表現主義への文化的変化は進歩を意味し、悲嘆を「封じ込める」ストイックな人たちは遅かれ早かれ心理的な代償を支払うことになるだろうというものである。これは、たとえば歴史家のパット・ジャランドなどの見解である。もう一つの見解、これは私が支持する見解だが、それによれば、個人差はあるものの、ストイシズムは経済的困難と戦争の時代には適切な反応であり、悲嘆の表現の方が適切だと言えるのは、経済的および政治的に安定した社会においてだというものである。しかし、豊かな共同体であっても災害を経験すると、生存の必要性からストイシズムが再び表面化する。生存に必要な基本的サービスを回復するために、共同体の全員が協力しなければならない期間が続く限り、ストイシズムは必要である。心理カウンセリングは、差し迫った衝撃が過ぎて基本的サービスが回復したのであれば、一人で苦しみ続ける少数の人にとってかなり価値がある。しかし、災害、実際にはすべての死別において、直後の影響が続いている間は、ほとんど、またはまったく価値がないことが、今日では知られている（Bonanno 2004; Schut and Stroebe 2005; Currier et al 2008）。

三　死者を手放すか、死者とともに生きるか？

この問いへの答えは、過去二世紀にわたる西洋文化内の二つの矛盾した要素によって形作られた（Stroebe et al 1992; Walter 1999b）。ロマン主義運動は、配偶者と子どもたちへの愛を高らかにうたった。愛が滅びることなどありえない、それは永遠であり、墓に入った後も持続する、と。このモチーフは、ロマン主義的な小説と詩から始まって、壮大なオペラを経由して、二〇世紀のポップソングに至るまで続いている。そして何十年にもわたって、新聞の死亡通知、死亡記念日の通知、墓石の上にも見られる。イングランドの田舎の教会墓地にある一九六〇年の墓石は、一一歳の少年のために美しく彫刻されたものだが、そこには次のように書かれている。

「短きはいのち　されど愛は久しく」

そして、ロンドンのケンサル・グリーン墓地にある別の墓石（一九九八年）にはこうある。

「愛しき人はどこにも行かぬ
あなたの側にいつでも付き添う」

この考えは、二〇世紀でもっとも人気のある「魂の再会」という死後生 afterlife についての信念でも表現されている（Walter 1996）。ここでは人間が肉体と魂でできていると見なされている。つまり、身体は死んでも、その時点で不死の魂は天国へと入り、そこで先に亡くなった愛しき人たちと合流する。天国とは、したがって創造主を崇拝する無縁の魂たちによって構成されるのではなく、お互いに行き合うことができたのを喜んでいる有縁の魂たちでできていることになる（McDannell and Lang 2001）。地上の話に戻ると、配偶者のもう一方の名が墓石に追加されると、「ついに一緒になれた Together at last」という碑文が追加されることはよくある。

このロマン主義的な死別理解と緊張状態にあるのが、二〇世紀において死別の専門家となった精神科医と心理学者が支持した「近代主義」的な死別理解である。フロイト（Freud 1917）からボウルビー（Bowlby 1961）を経てワーデン（Worden 1983）に至るまで、そのメッセージは、服喪者にはゴールがあるということだった。つまり、喪失による苦痛に満ちた感情から身を引き離す detach というゴールである。そうすれば再び自律的な個人になり、他の自律的な個人と新しい関係を自由に結ぶことができる、と。性的結合、出産、子育てを通じて、人間は互いに愛着を築く attach が、悲嘆とはそのような愛着がばらばらにされることからくる苦痛である。近代主義的な悲嘆心理学においては、苦痛は徹底作業 work through（徹底的に吟味）[36]されなければならない。そうすることで、服喪者が自由な個人として再構成されることが可能になる。服喪者は「手放す」べきであり、「前に進む」べきだ。ゴールは「終結」である。悲嘆は「解消される」べきだ。死者は、古いものや過去のように、置いてゆかれるべきだ、とこのように言われる。近代主義的な悲嘆心理学はもちろんこれほど単純ではない[37]。しかし、二〇世紀の文化は進歩と未来を強調する。そのような条件下で、このメッセージがポピュラー文化に入ると、「手放せ」「前に進め」となってしまう。

消費が家族の愛と幸福を高めるという消費者倫理（Campbell 1987）と、勤勉さに価値を見出す生産者倫理（Weber 1930）の両方が、資本主義には必要である。前者はより多くの商品に対する需要を生み出し、後者はその生産を助長する。人々は、家庭では表現力豊かで、愛情深く、生活にコミットすることが期待される。職場では、道具的に働き、出世階段を昇ったり、他の職場での雇用を柔軟に求めたりすることが期待される。愛し、消費する家族の消費者倫理は、ロマン主義的な死別理解の根底にある。一方、感傷的で非合理的な行動を禁止する生産者倫理は、悲嘆を手放し、前に進めという近代主義的な命令の根底にある。両方の倫理を必要とする資本主義経済が、二つの倫理を含む悲嘆文化を生み出すのは、さほど驚くことではない。しかし、二つの資本主義倫理が互いに補完し、資本主義を機

（36）　訳注：「徹底作業」とは、精神分析における用語で、事実を認めたくないような、心理的に抵抗がある事柄について、それについて考えても苦痛が生じないほど、徹底的に吟味することを指す。「服喪Trauer, mourning」には「悲哀」という意味もあり、大事な人を亡くしたという現実を受け入れ、徹底的に悲しむことが「喪の作業」と呼ばれる。

（37）　訳注：フロイトは失われた対象を無価値とするニヒリズムを、服喪の悲しみへの心理的抵抗とする。悲しみを通して失われた対象の価値を認識することが、逆説的に新しい対象への価値付与につながると考える。フロイト「無常」『フロイト全集一四』岩波書店、二〇一〇年。

能させているのに対して、二つの死別倫理は互いに矛盾し、悲嘆を複雑にしている。

こうして、二〇世紀の服喪者は、自分がロマン主義的な期待と近代主義的な期待の板挟みになっていることに気づいた。しかし、二〇世紀が終わりに近づいたとき、一部の（すべてではない）成熟した産業社会では、ルーツ、遺産、古い建物、過去を全般的に再評価する気運が高まった。住宅所有者は古い家具や古い所有物を復元し始めた。ビクトリア朝の住宅をスラムだと非難していた都市計画者は、それを遺産として再定義するようになった。ポストモダン建築家は伝統的なモチーフを再加工した。すべて過去に背を向けるのではなく、過去とともに未来に向かって歩もうというものである。未来と結婚した過去は有益であり、社会的に、生態学的《エコロジー》に、心理的に健全だと見なされるようになった。この新しい文脈で、未来に進む際に死者とともに歩むか、死者なしで歩むかどうかについて、専門家はその助言を変えた。これは一九九〇年代半ば以降の死別研究では、「**継続する絆**」という概念で表明されてきた。継続する絆においては、服喪者は死者との関係を保持することが多い。つまり、彼らは死者とともに前に進むことができるのである（Klass et al 1996）。もちろん、こんなことは多くの服喪者がすでに知っていたことだ。おそらく専門家はそれにやっと追いついたということである。このように、専門家の理論は人々の思い込みと同じくらい文化の影響を受ける。

四　悲嘆する自由？

多くの社会は、人々がどう悲嘆するべきかに関する強い規範を持っている。それとは別に、ほとんどの宗教は、死後数週間、数カ月、数年の期間の特定の日に故人の魂のために儀礼を執りおこなうよう規定している。第五章で論じた理由により、プロテスタントのキリスト教がそのような儀式を提供するのはかなり珍しい。また、第三章で死にゆく過程の文脈で議論したように、多くの現代西洋社会は、個人の自由と各人の自律を称賛する。したがって、多くの西洋人は、共同体や宗教的期待ではなく、亡き人に対する人それぞれの個人的な愛着が悲嘆に反映されるべきだと感じている。遺された人は、自分にとって正しいと感じ、自然だと感じる仕方で自由に悲しむべきだ。この考えは愛着理論（Bowlby 1961; Parkes 2008）によって裏付けられている。それによると、ある特定の死に対する悲嘆の仕方は、小児期のころから発達させてきた愛着スタイルに左右され、そこに故人との特定の関係が付随するのだという。

それではなぜ表現の自由を促進する経済的に安定した社会が、少なくとも特定の状況下で、悲嘆のあからさまな表現を抑制するのか。ドーカとマーティン（Doka and Martin 2002）は、道具的悲嘆と直感的悲嘆という異なるスタイルを対比している。これはある程度、ストローブとシュットの回復の指向性と喪失の指向性、およびこの章のストイシズムと表現主義に類似している。レイノルズ（Reynolds 2002）によれば、近代的な職場組織は、道具的な働き方を特権化しており、職場での表現的／直感的な悲嘆スタイルを許容しない傾向がある。これは、フーコーの「規律型権力」の概念（Foote and Frank 1999）を使って理論化できるだろう。あるいは、歴史を通じて権力を持った諸制度が、悲嘆の破壊的潜在力を弱めるために悲嘆を抑制したというホルスト＝ウォーハフト（Holst-Warhaft 2000）の議論を適用することもできるだろう。

もう一つの規範のセットは、悲しむ方法ではなく、悲しむ人を規定する。たとえば、配偶者、子ども、親の死は、甥、友人、同僚、伴侶動物の死よりも大きな悲嘆を引き起こすはずだとされる。このような「悲嘆の階層」は、ある特定の喪失から「市民権を剝奪 disenfranchise」することだと批判された(Doka 1989)[38]。市民権の喪失を意味する「disenfranchise」という言葉の意味は重い。一人一人の解放的自由《リバティ》を信じる自由《リベラル》で寛容な民主主義社会において「市民権を剝奪された悲嘆」という概念が当てはまってしまうのである。実際にかつてのイングランドにおいては、女性が特定の人(たとえば義理の父親)の死を、他の人(たとえば自分の赤ん坊)の死より長く悲しむことを要求するという規範があった。それに異議を申し立てた後期ビクトリア朝時代の女性たちは、参政権運動を支持したのと同じ女性たちだったのである(Taylor 1983)。

そうは言っても、それほど簡単にこうした階層なしで済ませることができるのだろうか。ロブソンとウォルター(Robson and Walter 2012-13)は、悲嘆が独特で個性的であるべきだとする人々でさえ、喪失の階層に理解を示し、容認する実態を明らかにした。また、遠くのいとこや伴侶動物の死より、配偶者または子どもの死の方に多くの休暇を与えるという忌引きの方針を雇用者が放棄する可能性は低いだろう(Kamerman 2002)。すべての悲嘆を自由に解放《エンフランチャイズ》するべきだと主張する人々は、規範のない社会を主張しているようなものである。そのような社会はいまだ存在したことがない。

結論として、他の社会に住んでいた人々と比較して、現代の西洋人は、悲嘆に関してかなり自由である。つまり、誰の死をどのように悲嘆したいかについての自由である。同時に、まさに自由に対する愛ゆえに、彼らはいかなる規範が残っていても憤慨するのかもしれない。これはほとんどの過去の社会と対極的と言えるだろう。これまでの社会では、悲嘆は社会的規範に従うものだということを、服喪者は理解していたし、受け入れてもいた。悲嘆の取り締まりは、社会の権力構造を反映していたのである。

質問
職場、学校、福利厚生システムでの死別に対する方針は、どのような原則に従うべきだろうか。

(38)　訳注：「disenfranchise」は「free」に相当する「franc」から来ており、「enfranchise」は奴隷などを解放し、自由民とする、参政権などの公民権(市民権)を授与するという意味がある。「disenfranchise」はそれを取り上げることを意味する。

第8章
距離とデジタル
――どうつながる？

ここ一〇年、ソーシャル・メディアにおける服喪についての調査論文は、爆発的に増えている(Brubaker et al 2013)。この章では、単にそうした調査の知見を要約するのではなく、デジタル時代の死に方と悲嘆の仕方において生じているある具体的な緊張に的を絞る。死は非常に物質的なものである。死にゆく人、葬儀、墓はすべて具体的な地理的場所と結びついている。だが、家族は国中に、あるいは世界中に地理的に分散している。移住と地理的流動性は、生きるにせよ、働くにせよ、引退するにせよ、それが施設への入所であれ、ギャップ・イヤー(進学前に旅行や就労の目的でとる休業年)のためであろうとつきまとうものである。そのせいで家族のなかには、死にゆく人や墓や他の家族との物理的距離が大きくなってしまう人も出てくる。このようなときの距離の大きさは痛切に感じられるだろう。それと同時に、デジタルなソーシャル・メディアは、移民たちに連絡を取らせ続ける。その早さたるや、帆船が地球の一方の端からもう一方の端にメッセージを届けるのに何カ月もかかった二世紀前には考えられないものである。生きているときと同様、死ぬときにも、今日ではより多くの人間が、かつてないほどの長距離を物理的に移動し、即座に接触できるようになった。それでは、デジタルなソーシャル・メディアは、人生最終段階、ケア・介護の行為、死ぬこと、葬送、服喪をどのように変えるだろうか。この章は、死、距離、デジタルなものを取り上げ、物理的な距離と仮想的な存在感が、人生最終段階においてどのように相互作用するかを考える。これは、デジタル・メディアが社会的距離（服喪者同士の距離）と精神的距離（死者の生者からの距離）をいかに縮めるかという問題にも関わる。

一　距離

距離は、長い間、誕生と死の両方の経験における決定要因だった。古代ローマの都市のピーク時の人口は約一〇〇万人だった。その住民の多くは、帝国全体に家族が散らばっていた。実際、ほとんどの帝国は人々の大規模な移動を伴った。それは多くの場合、新しい土地への何千人もの奴隷の国外輸送を含む。一六世紀からのヨーロッパ勢力の拡大は、入植者、商人、船員、奴隷が大型船で何カ月もかけて海を横断することに頼って達成された。だが、その距離は、今日なら飛行機で数時間あれば飛び終えるし、スカイプなら即座に埋められる。入植者と本国の家とのあいだの手紙のやり取りには一年以上かかることもあった。そのため、親しい家族の死は数カ月後に知らされ、葬儀への出席など論外だった。奴隷は本国からの便りなどまったくなかった。

アメリカ南北戦争（一八六一～六五年）の際には、二つの技術革新が死と移動に影響を与えた。第一に、電報により、戦場での死の知らせがわずか数時間で家族に届けられた。第二に、鉄道は防腐技術の発展に拍車をかけた。それは、家族によって営まれる葬儀へと〔遺体が〕帰る鉄道旅行のあいだ、十分長く遺体を保存できるように発展した。その後、旅行とコミュニケーションの両方がさらに進歩し、今では知らせが直ちに伝えられるようになり、生者は死にゆく人と死者に会えるようになった。

死と死にゆくことが距離とどのように影響し合うかは、地理、資源、法的地位に大きく依存する。イングランドなどの国々では「二重の負担」、つまり一〇代の子どもと老いた両親のどちらも世話しなければならないという負担が生じている。それによって、すでに多忙な中年世代の人々が何千人も、週末には国の端から端まで、渋滞した高速道路を運転し、虚弱な高齢の両親の様子を見にゆく。そして、クライアントである老親と同じくらい壊れそうなケアのパッケージをまとめたり、まとめ直したりする。(39) 北米には家族を訪問するために何時間も運転するのを当たり前だと思う人もいる。そう思わない人は飛行機で移動したり、家にとどまって、スカイプしたりするかもしれない（Moore 2012）。オランダでは、ほぼすべての場所が車または電車で二時間以内の距離にあるため、二重の負担は客観的には軽い。しかし、こうした旅のすべてを、すでに忙しい生活にはめ込むことについて人々がどう感じるかは、主観的な距離認識に依存する。たとえばオランダ人は一時間の運転から、アメリカ人が四時間運転するよりも大きなストレスを感じているかもしれない。(40)

成員が大陸間を移動している家族にとって、近代的な旅行とコミュニケーションの手段は、新しい選択肢と同時に新しいジレンマをもたらす。ニュージーランドの自宅からスコットランドの危篤の父を訪問するために、高価で消耗させる飛行機を予約したとして、間に合うように到着できるだろうか。また、コスタリカからニューヨークへ間に合うための航空券を買う余裕はあるか。余裕がない場合、家族の誰に支払いを補助するようお願いできるだろう。親戚たちが世界の反対側から便を予約するのに合わせて、葬儀を延期できるだろうか。それとも、ネット中継やスカイプを介して親戚たちを葬儀にリンクさせるか。灰は家に持ち帰るか、どうか。どちらにせよ、その場合の家とはどこの家か。故人の子どもたちがいるトロントだろうか。それとも彼の両親と先祖がいるスリナムだろうか（van der Pijl 2016）。

過去数世紀の船乗り、商人、入植者、奴隷のように、そのような贅沢な選択などできない移民もいる。ヴァネッサ・ブラヴォー（Bravo 2017）は、米国の不法移民を取り上げ、その親がラテン・アメリカで危篤の状態で伏せっているときの彼らの状態について記述している。彼らは家に帰ったら、米国に戻ることができないかもしれない。米国には子どもたちがいるし、ラテン・アメリカの大家族を養うための仕事もある。米国で政治的亡命を認められた人々は、これに匹敵する不確実性を経験する。本国に戻ると、彼らは逮捕される危険があるからだ。これらの移民にとって、フェイスブック、ワッツアップ〔世界最大のメッセージ・アプリ〕、とくにスカイプは、死にゆく親族をバーチュアルではあるが訪問する唯一の方法である。これは何もないよりはましだが、家に帰れないという痛みを消しはしない。

（39）　訳注：「ケアの小包《パッケージ》」という表現については本書六九頁参照。「壊れそうな」に当たる「fragile」という原語は、親の体が壊れそうであることと、小包に貼られる「壊れもの」という注意書きをかけている。細分化された多職種のケアを連携させる難しさについては、本書五一頁、六一～六二頁などを参照。それが小包をまとめる作業にたとえられている。

（40）　この段落で提起されている諸問題に私の注意を喚起したRenske Visserに感謝したい。

1　二つの世界に生きる

マダガスカルでの死の儀式に関するモーリス・ブロック(Bloch 1971)の研究は、マダガスカルの人々がどのようにして二つの世界に生きているかを明らかにした。つまり、物理的に生活しているグローバル資本主義の日常世界と、家の先祖の墓所に表象される先祖の象徴的な世界である。われわれは、この一般概念をブロックのもとの文脈を超えて拡張することができる。なぜなら、移民も通例は二つの世界に住んでいるからである。実用的な経済上および教育上の機会を提供する移住先と、家族とルーツを象徴するもとの居住地である。

一九九二年にケニアを訪れたとき、毎週金曜日の夜になるとナイロビの道路が渋滞することに気づいた。というのも、何千人もの都市住民が週末のあいだは、老人と死者が住んでいる家族の農園《シャンバ》に戻るからだ。今では多くの人がナイロビに埋葬されているが、一部の民族集団にとっての理想は、故郷で埋葬されることである。町を出て行く満員のバスは、生者だけでなく死者も運ぶ。ナイロビについてはっきりと私の印象に残っているのは、人口三〇〇万人の都市ではなく、数百万人のキャンプ生活者だった。彼らの本当の家は別の場所にある。都市に住んで働いていながら、その心は別の場所にあるのだ。

セルビア人の経済移民たちは、いずれ帰国することを望んでいるので、たとえばフランスや米国で死ぬことは計画していない。だが、結果的にそうなることは珍しくもない。あるアメリカのセルビア人のための弔辞が雄弁に語るところによれば、「彼の体はこのアメリカの土地にあたたかくもてなされて眠るが」、彼の魂は「セルビアの天国に行く」という(Pavicevic 2009: 239)。米国より定住者が多いイングランドでも、人々は二つのまったく物理的に異なる世界に住むことがありうる。つまり、サウサンプトンには、仕事、住宅ローン、友人、トラブルを抱えた一〇代の子どもなどからなる日常世界があり、六時間北のランカシャーには、失禁パッド、不適切なケア・パッケージ、認知症の兆候が詰まった別世界があるという具合である。

私はこれから、二つの世界に生きるということが、人生最終段階においてどのような影響を与えるか、デジタル・メディアとソーシャル・メディアの役割とともに概略を示す。死にゆくこと、遺骸、相続、服喪、死者との関係について考察したい。

二　死にゆくこと

そこにいること、または「存在感」(第四章)は、死にゆく人の枕元で家族が果たすことができる役割の一つである。スカイプなどの視覚的なソーシャル・メディアは、電子メール、電話、手紙など、より古い通信技術と比較すると、存在感の可能性を大幅に高める(Moore 2012)。実際の物理的な訪問では、次の訪問までのあいだを補うものとして、バーチュアルな存在感には高い価値がある。ただ、ブラヴォーがインタビューした不法移民のように物理的な訪問ができない場合の代替としては、切なさを残すものになりうる。なぜなら、物理的な分離と接触の欠如を双方に思い出させるからである。ソーシャル・メディアが社会的および感情的なサポートを提供できるとしても、直接のケアを提供することはできない。私の生活がどんなにグローバル化したとしても、私が死にゆく過程には、私の体の世話、料理、犬の散歩などをする人が十分に近くにいる必要がある。家族が国中または世界中に散らばり、専門的ケアのサービスが拡張し、死に至る軌跡がますます長くなりつつある。このような状況では、第四章で論じたような地域の慈悲共同体の必要性も高まると予想される。

しかし、分散した家族や友人たちは、ソーシャル・メディアやデジタル・メディアを使用してケアを連携させている。たとえば、日記やスケジュールを整理するためのソフトウェアを、家族や介護者が利用することはできる。その場合、何時間も離れた場所に住んでいる息子はオンライン状態になると、午前一〇時に近所の人が母親をチェックするために電話をかける予定で、午後には仲の良い友人が訪問する予定であることに気づく。そこで、息子の方は、夕方に電話またはスカイプ通話することをスケジュールに書き込む。

ただし、この種のソフトウェアを使用して、家族や友人によるケアと正式な機関によるケアを連携させることには、より多くの困難が伴う。医療機関および社会的介護機関は、部外者が機関内の電子システムにアクセスできないようにすることを、個人情報保護を持ち出して正当化している。まして、家族が構築したソーシャル・メディアにスタッフが参加するよう奨励することなどまずない。これが、ある程度までだが成功した例は私の知る限り一つしかない。ある八〇代の認知症の未亡人は、住み込みの介護者と一緒に家に住んでおり、成人した息子は二時間、娘は五時間離れた場所に住んでいた。娘は、母親の介護者に、買い物、歯科医診療、社交のための約束に共有オンライン・カレンダーを使用するよう説得した。これにより、友人や隣人がいつ訪問でき、いつ訪問すべきでないかを知ることができるようになった。さらに、認知症の進行に伴う行動の変化を記録するために、時折、息子、娘、（それほど頻繁ではないが）介護者は、共有オンライン日記に書き込みをおこなった。一緒に歌ったり、誕生日パーティーを祝ったりするなど、楽しい時間のメモや写真や音楽も付けたため、海外にいる親戚たちには感謝された。こうした共有オンライン・プラットフォーム[41]は、「ソフト」な監視技術を利用することで関係者全員の生活の質を向上させる。

独居高齢者のデジタル監視は、これよりも公然としたものになりうる。公共空間のあちこちにＣＣＴＶカメラ〔監視カメラ〕が取り付けられているのはよいとしても、われわれは個人住宅をプライベートのままにしておきたいと願う。ところが、虚弱な高齢者の家は今や「有線」につながるwired[42]ことができる。一人または複数の家族がオンラインで、たとえば高齢の親が今朝トイレに行ったとか、冷蔵庫のドアを開けたり、やかんに火をつけたりしたなどと確認する具合である。そのようなルーチンが実行されないと、親族は指定しておいた隣人に連絡して、当該の老人の状態を確認してもらう。一部の高齢者は、この監視を歓迎するかもしれない。それにより、自分の家に長く滞在することができき、おそらくそこで死ぬことができると思われるからである。だがそう思わない人は、トイレに行く

(41)　訳注：プラットフォームは「基盤」「足場」などを意味し、オンライン・プラットフォームは、ＧＡＦＡ（グーグル、アップル、フェイスブック、アマゾン）などオンライン上で複合的なサービスを提供する基盤を意味する。

(42)　訳注：この「wired」という言葉には、他に「針金（有刺鉄線）で囲われた」という意味や、俗語では「盗聴されている」という意味もある。

たびに、義理の娘にモニタリングされるのを不快に思うかもしれない。

監視を逆転させたソフトウェアとして私が知る唯一の事例を紹介しよう。これは、家から出られない老人が、より若くて健康な家族がどのように過ごしているかについての最新情報を定期的に知らされるというものである。これらの家族が、最新の活動を写し出した写真、音楽、文章、その他のメディアをアップロードする。すると、家から出られない人の家の壁にかかったシンプルな装置にそれらは表示され、ワンタッチボタンでアクセスできるようになる。「木曜日にサムの誕生日パーティーに行く」などのショートメッセージがあれば、高齢者は孫の誕生日が近いことを思い出せる。そこで彼女は古いメディア、つまり電話を利用して、隣人にカードやプレゼントを購入して家に持ってきてもらい、それに自分の名前を書き、郵送してもらう。

三　遺骸

移住した家族は、遺体を埋葬する場所や、火葬された遺骸を処理する方法を決めなければならない。主な選択肢は三つある。葬儀をおこなってから、「ホスト」国（受入国）に埋葬すること、「ホーム」国（本国）に埋葬すること、またはその両方に埋葬すること（遺灰が分割できる火葬なら容易に達成可能）である。「ホスト」国への埋葬という決定は、統合 integration が進んだ証拠だと主張する研究者もいる。しかし、ハンター（Hunter 2016）のインタビュー調査によれば、事態はこれほど単純とは限らない。ハンターは、スウェーデン、デンマーク、英国に住んでいる中東のキリスト教徒へのインタビューから、埋葬する場所に潜在的に影響しそうな検討事項を数多くまとめている。運用面での検討事項としては、ある国では他の国と比べて葬儀を組織することが難しくなること、遺体を本国に持ち帰ることとの安全面での問題、資金の調達などがある。本国に遺体を空輸する費用の影響を和らげるために、安価で形式にこだわらない葬儀がそこで営まれることもある。用地に関する検討事項には、景観についての個人的感情が含まれる。また、ホスト国における当事者の民族共同体が大きいと、彼らがそこに埋葬される可能性は高くなる。宗教上の検討事項としては、当事者の宗教が迫害されている地域でその宗教を堅持し続けるということなどがある。そして、家族に関わる検討事項としては、他の家族と同じ墓に入りたいという希望や、未来世代が集まる礎《いしずえ》となる墓を遺したいという希望などがある。これは、ある若いイラク人によって次のように例示されている。「私の祖母は……ドイツに住んでいましたが、三人の娘がデンマークにいるので、結局はデンマークに埋葬されることを選択しました」(Hunter 2016: 186)。どこに埋葬するかは、対立を引き起こす可能性がある。とくに故人の配偶者と出身家とのあいだで起こりやすい。移民は二つの世界に生きているが、それらの世界がどのように構築されるか、したがって良き死、または最高の埋葬地が何であるかは食い違う可能性がある(Cohen and Odhiambo 1992; van der Pijl 2016)。

自分または遺族が埋葬を望む場所で死ぬとは限らない、というのが人の世の常である。「家に帰って〔帰国して〕」埋葬されたいと思う人がいるなら、家から離れて埋葬されたいと思う人もいるかもしれない。一九世紀の英国では、新しい郊外墓地のいくつかが、最先端のものと見なされ、特別列車が都市の死者とその服喪者を、このエーリュシオン(43)のような都市郊外に連れて行った。二一世紀にも、一部の英国人が、決して最寄りと言えない場所にある自然葬地を選択している。自分の好みに合っているか、個人的なつながりを象徴する場所なのだろう。私の隣人は、鉄道愛好家の夫のために、私鉄の蒸気機関車の軌道に隣接している自然葬地を選んだが、そこは車で二時間の距離にあった。彼の墓に参る際には、鳥のさえずりと通過する列車から時折鳴らされる警笛が聞こえる。このように、人によっては、生きていたときより死んだときの方が移住の可能性が高まる *more* mobile こともある。

埋葬は明らかに物質的であり、一地点でのみおこなわれる。それに対して、デジタル・ネットワークでは墓がどんどん網のように絡み合っている。墓地の記録をデジタル化し、オンラインで公開することで、世界の反対側にいる系譜学者が自分の先祖の埋葬地を見つけることができる。墓石にＱＲコードをはめ込むのは短命な流行で終わるかもしれない。というのも、より応用性のある技術によって、墓参者はスマートフォンを使用して故人の写真と伝記を呼び出すことができるようになるだろうから。それと逆に、墓参者が墓地での自撮り写真を世界中の親族に拡散したり、故人の追悼ページにアップロードしたりすることができる。余生においてそうであったように、墓地のそばでも、物理的活動と仮想的活動は不可分だととらえる人が増加している(Christensen and Sandvick 2016)。

四　デジタル遺産

物品を相続できるのは一人のみである。これは、たとえば、故人の子どもの一人が、他の子どもにとっても個人的な意味を持つ品物を相続した場合、または一人の子どもが不動産についてライオンの分け前〔他の人より大きな分け前〕を受け取った場合に、家族内で争いが生じる。ところが今や人々が残すものはますますデジタルになっている。電子メール、ソーシャル・メディアのアカウント、写真コレクション、音楽コレクションなどである。そのおかげで、複数の友人や家族が、世界のどこにいても、家にいても移動中でも、同じ素材を相続できるようになった。

　だが同時に、ほとんどの人は、サービス提供者による死後のデジタル資産の利用可否について、細かい字で印刷された利用規約を熟読したり、熟考したりしない。職場の電子メールを個人的メッセージに使っている人のほとんどは、自分が仮に死んだら雇用主が家族にこれらの電子メールへのアクセスを許可するかどうかなど考えたことがないだろう。ある種のデジタル音楽コレクションは、完全に所有されているのではなく、購入者が生きている間リースされているという形態をとる。借手が死亡したことがプロバイダーに知らされたら、コレクションはすぐ消されるかもしれない。パスワードを定期的に変更し、それを秘密にしておくよう、われわれは定期的にうながされているが、これのために死後のデジタル資産にアクセスできなくなるリスクがある。現在では、デジタル「金庫」を提供している会社もある。これは、ユーザーが死亡するまではパスワードを保管でき、死亡した時点で指定された生残者 survivor がアクセスできるようにするというものである。しかし、このサービスは無料ではないし、「金庫」会社またはその技術が、おそらく若々しい顧客より長生きする保証もない。デジタル業界の秘密のパスワードへの依存は、死の否認にもとづくものであり、再考する必要がある。

(43)　訳注：ギリシャ・ローマ神話で、死後に善人や英雄がおもむくとされる西方の楽園。

五　喪に服すこと

ソーシャル・メディアは、地理的に離れた服喪者との接触、また服喪者同士の接触を可能にするが、それだけでなく故人から社会的には遠い人々をも服喪者として挿入し直す。

すでに述べたように、死の領域は幼年期から老年期に移った。この人口学的変動の前には、子どもまたは幼い子どもを持つ親の死亡率の方が高かった。したがって、主な服喪者たちは、おそらく一つしかない部屋の住居に住んでいたので、喪失は共有された経験だった。しかし、悲嘆の仕方は、個人によって多様である(Doka and Martin 2002)。それゆえ、自分とは悲嘆の仕方が違う他の人と一緒に悲嘆するよう強制されるのは、葛藤や対立を引き起こす。あるいは、自分の悲嘆は自分だけに留めるべきだという規範に至り、またそのせいで孤独に至る可能性がある(Evans et al 2016)。不幸があった一家のある村には、訃報に魂を揺さぶられる人が一〇〇から二〇〇いるかもしれない。彼らは主な服喪者ではないが、村の一員が失われたため、程度の差はあれ、全員がともに喪に服しているという状態であった。

しかし、今日では、主な服喪者たちはとっくの昔に成人し、自分の世帯を確立しているため、地理的に離れている。たとえば、私の父が九〇歳で亡くなったとき、主な服喪者は、父と引退生活をともにしていた私の母だった。私の兄とその家族は、五〇マイル東に住んでいた。そして私自身は、南に五〇マイルのところに住んでいた。職住分離に伴い、労働年齢にある服喪者は毎日職場に行くが、職場の同僚はおそらく故人に会ったことはないだろう。同僚は「お父様のことはご愁傷様でした」とお悔やみの言葉を述べるかもしれない。だが、父に会ったことがないのだから、父が亡くなったことを自分自身も悲しんでいるわけではなく、私の喪失を悲しんでいるだけである。彼らは、昔の村人のような共同の服喪者ではなく、支援者として位置づけられる。そういうわけで、今日では遺族を「支援する」ためにはどうすればよいかについて多くの話がなされている。家族以外の服喪者、たとえば故人の友人、同僚、元同僚、教会やスポーツクラブの仲間などは、程度の差はあれ、互いに距離がある。スポーツクラブの仲間同士が知り合いである可能性はあるし、同じように近所の人同士が知り合いである可能性もある。だが、スポーツクラブの仲間は隣人や友人を知らないだろう。服喪者の社会的ネットワークは、第一次ネットワークや第二次ネットワークであっても断片化されている。服喪者は互いに孤立している。二〇世紀の悲嘆が、多くの国で内的、私的なものになったのはさほど驚くことではない。

フェイスブックのようなソーシャル・メディアは、ある個人の社会的ネットワークの、それまでバラバラだった断片を再びつなげる。死んだ後も、生きていたときと同様、家族、友人、同僚、スポーツクラブのメンバーなど親しい人々は、私のフェイスブックの友人であれば、互いの投稿を見ることができる。このことは、それまで断片的になっていた服喪者のミニネットワークを一つのオンライン・ネットワークに戻すことを意味する。ただし、フェイスブック上にいない少数のより老齢の家族はそこに入らないだろう。服喪者の社会的ネットワークは、産業革命以前の村の社会的ネットワークに似たものになり始めている(Walter 2015)。

産業革命以前の村のように、これは対立への扉も開く。とくに米国では、世俗的な人々と敬虔な信者とのあいだに分裂がある。死後生があることを断言したり、暗に否定したりするお悔やみの投稿を読んで、気分を害する人もいるだろう。それ以外のかたちの対立も起こりうるし、少なくとも見えやすくなる。バーチュアルな喪に服しているように見せなければならないという圧力があるため、故人とそれほど親しくない人や、嫌ってさえいた人も、悲しみを表現しなければならない。それは他の人にとってワニの涙〔嘘泣き〕のように見えるかもしれない。社会的な服喪のコントロールをめぐって対立が噴火することもある。若者の死の場合、オンラインで哀悼の意と思い出を投稿する人も、ほとんどは若者である。故人の親は悲嘆に暮れているにもかかわらず、自分の子どものフェイスブック上の「友達」でなければ、死後も「友達」になることはできない。服喪のオンライン共同体にアクセス可能な親は、たくさんの投稿に慰められるかもしれない。逆に、親ならではの強烈な悲嘆に見合わない軽率な投稿に悩まされるかもしれない。そのとき、彼らは自分自身を保護するためにページを閉鎖するべきだろうか。だが、そうすれば、若い服喪者たちが感情をシェアする機会を奪うことになるのではないか。

ソーシャル・メディア上の服喪は、孤独なプライバシーを特徴とする二〇世紀の服喪や、出過ぎた噂話を特徴とする村の服喪より、良くもなければ悪くもない。これはこれで、新しい可能性と新しい問題の両方を提供している。死のあらゆる側面と同様、時代ごとに新しい機会と困難が生み出されている。フェイスブックのユーザーはもう何百万人も亡くなっている。このような事態を受け、フェイスブックは会社として定期的に追悼ポリシーを見直している。ユーザーの死亡後に発生しうる問題を認識した結果、同社はもっと「死別にやさしい」機能を導入するための研究に取り組んでいる(Brubaker and Callison-Burch 2016)。

六　死者とつながる

ソーシャル・メディアとデジタル・メディアには、服喪者同士を結びつけるだけでなく、服喪者を死者と結びつける不思議な力がある。オンラインでは死者が〔生きていたとき〕より近くに見えるということすら起きる。

ソーシャル・メディアにある死後の投稿でよく見られるのは、死者についての投稿ではなく、死者への投稿である。おそらく太古の昔から人々は死者と会話をしていたが、二〇世紀の西洋社会ではプライベートに限定されるのが通例である。たとえば小声で、または誰もいない墓地で、死者との会話はなされる。しかし、オンラインでは、死者への投稿は一般的で、それどころかサイトによっては期待されている。「誕生日、おめでとう！」「最近、空にすごく明るい星があるのを見つけたんだけど、あれはあなただってわかってる」(Kasket 2012)。死者への投稿か、それとも死者についての投稿かは、社会的位置の違いや親密さの程度を示すことがありうる。たとえば、アフガニスタンで殺害された英国兵のための国防省の追悼サイトでは、当局は死者に言及する際に三人称を使っているが(「ジェームズは小隊のサッカー・チームのスター選手だった」)、戦友たちは二人称を使っている(「ジミー、俺らのチームはお前がいなかったら元通りにやっていけるわけないだろ」)。

オンラインでは、天国について驚くような言及がなされている。「あなたが天国の天使たちと遊んで楽しんでいることを願っています！」ここさえなければ、この投稿は世俗的な調子のものである。故人にメッセージを投稿することは、故人がどこかに存在するということを含意する。もともとキリスト教が主流だった社会post-Christian societyでは、その場所を天国として表現することへの抵抗がきわめて弱い（Jakoby and Reiser 2013）。また、故人に天使と見なして語りかける服喪者がいるのも目立った傾向である（Walter 2016a）。天使は魂〔霊魂〕とは異なる。翼を持ち、天国と地上、生と死の境界を横断する。天国に閉じ込められた魂とは異なり、天使ならソーシャル・メディアの投稿を読むことができる。このようにして技術の発達が開いた新しい空間は、教条的信仰よりもスピリチュアルな言説の方に適している。

ほとんどのソーシャル・メディアは生きている人のためにデザインされているが、ユーザーが亡くなったときの服喪においてもコミュニケーション・ツールとして使用される可能性がある。それとは別に、死亡後のコミュニケーション専用にデザインされたサイトもある。ポーラ・キールによれば、その調査の時点で三種類のサイトがあるという（Kiel 2016）。一つは、管理されたクローズドなサービスを提供するサイトである。オンライン資産の整理、特定のアカウントやフォルダーの削除、電子メールの転送、自動返信などである。キールが特定したこの種のサイトはすべて〔現在も〕運営されており、どれも閉鎖されていなかった。二つ目は、社会面および感情面を重視したクローズドなサービスを提供するサイトである。故人が家族や友人に最後のメッセージを残したり、事前に書かれた多数の電子メールを死後一年まで送信したりする。こうしたサイトで現在も運営されているのはおよそ半分しかなかった。この結果は人々の好悪の混ざった感情《アンビヴァレンス》を示しているのだろう。メッセージを送る仕組みは、受け手によっては不気味だと感じるかもしれない。三つ目は、死者からの長期にわたる交信を提供するサイトである。たとえば、ＡＩ（人工知能）を使用して顧客の書いた文章を分析する。それを手がかりに、死亡後、いかにも本人が送りそうなタイプの文章、また言葉づかいの文章をＡＩソフトウェアが生成して送信できるようにする。これらのサイトのいくつかは現在運用を停止している。この結果はＡＩの現時点での限界を示していると言えるだろう。

言い換えれば、事前にあつらえられた死後サイトは、単純な管理機能を提供するに留めるなら、商業的にはもっとも持続可能となりやすい。それを超えて、死者との現在進行形のコミュニケーションを維持するようなサービスは、リスクが高まる。これらのサイトは高度なスキルを持つデザイナーによって構築されたはずだが、数百万人のフェイスブック・ユーザーが容易に達成した、こぢんまりとした死者との親密な交流を、いまだ達成できていない。しかし、テクノロジーは絶えず進化しているため、デジタル・メディアがどれほど死者を生者に近づけるか、誰もわからない。

問い

ほとんどの人は、死や悲嘆の状況でも使い慣れた技術（電子メール、フェイスブック、ワッツアップなど）を使い回し、（死後交流のための）特注品を買わない。あなたやあなたの家族は、人生最終段階にデジタル・メディアやソーシャル・メディアをどう活用しているか、あるいは活用したか。そこに含まれる実用的または倫理的な問題について話し合おう。

第9章
拡散する死

死の認知運動は死の否認とタブーを猛烈に批判した(第一章・第二章)。その一方で、社会科学者は日常生活での死の不在を強調することが多い。死は医療化され、専門化され、主流社会から「隔離」された。その結果、多くの市民は死に関するスキルを失い、死に不慣れな状態になった、と。しかし、二〇〇〇年代初頭以来、この社会学的な図式には細かい修正が施され、時には疑問の声が投げかけられている。というのも、しばしば逆説的な「不在の存在感」とでも言える場合があり、研究者は、死と死者が新たな存在感を持ちつつあることを同定してきたからだ(Howarth 2000)。この章では、二〇世紀西洋社会での死の日常生活からの分離が、死にまつわる考え方と制度の両面で突然変異を起こし、拡散する存在感 pervasive presence になっているのではないかを問う。そして、もしそうなら、どの程度そうなのかを問う。これは、枠組における転換、パラダイム転換、または歴史家フィリップ・アリエス(Ariès 1981)の言う心性 mentalité における転換と呼べるだろう。

例を挙げる。第一章では、兄弟や親の死を目撃することが、ありがたいことに、もはや子ども時代のありふれた光景ではなくなったことに注目した。これは、まるで人は死なないかのように、多くの子どもが育つようになったということを意味する。他に、大人が子どもを死や喪に服すことから守ろうとしていること、たとえば死に関する話題を避けたり葬儀から遠ざけたりすることについて心配する人もいる。しかし、第八章で見てきたことを思い出してみよう。フェイスブックなどのソーシャル・メディアで、亡くなった知人についてのメッセージや、その知人に宛てたメッセージを投稿することは、若者にとってもはや普通のことだ。テキストだけでなく音楽や写真もシェアされている。二一世紀においても、家族の死を経験することなく子ども時代を通り過ぎる人は多い。だが、有名人は言うまでもなく、普通の人々、友人や知人、さらに友人の友人などが死ぬことを知らずに子ども時代を乗り切ることは不可能となった。この変化は、死の認知運動とは無関係だし、タブーの感覚の打破もなく発生した。若者は、死について話そうという扇動に反応したわけではない。単にソーシャル・メディアのアフォーダンスを利用しているだけである[44]。それもしばしば、かなりの創造性を発揮しながら利用した結果である。このようにして、死者はオンラインで存在感を獲得し、死の確実性《モータリティ》は若者の生活のなかで存在感を獲得している。

この章は、再び現れつつある死の存在感について扱う。これは、タブーの打破や会話の増加（第二章）を伴う場合もあるが、同様に伴わない場合もある。話すことは死と死者に存在感を与えるが、唯一の方法ではない。ヤコブセン（Jacobsen 2016）は、西洋社会が「禁じられた死」から「スペクタクル的な死」へ移行しつつあると考察している。つまり、死と死にゆくことと喪に服すことがスペクタクルになりつつあるというのである[45]。私たちがそれぞれに同定したトレンドには類似点があるが、この

（44）　訳注：「afford」は環境が何かを提供することや、それによって何かができるようになることを意味する。アフォーダンスは、運動心理学や生態心理学において提唱され、デザイン業界などでも広く使われつつある。ここでの意味はさしあたり、「ある行為を可能にする、あるいは誘発する環境内の特徴で、実際に行為することで探索されるもの」と理解することができる。

章で論じる新たな拡散する死は、スペクタクル的というよりもっと日常的な死である。

一　分離された死

西洋の近代性は死を生から分離したため、死はほとんど見えなくなった。死にゆく人は病院、介護施設、その他の施設に移される。たとえその前の何カ月も自分自身の家(介護ホームや他の種類の支援付き住宅を含む)で過ごしていたとしてもである。一九世紀になってから、教会墓地に埋葬される死体は少なくなっていった。それまで、村人たちは礼拝のために定期的に教会墓地を通り抜けていた。次第に、町の外郭にある墓地や(二〇世紀に入ると)火葬場(英国では墓地と隣接していることが多い)に運ばれる死体の数は増加した。こうして、遺体は共同体の中心から周辺に移動した。服喪者の分離の経験と不可視性はもう少し複雑な道を辿ってきた。一九世紀の服喪者は、その衣服で簡単に識別できた。女性は喪服《モーニング・ドレス》によって、男性は黒い腕章によって識別された。上流階級の女性服喪者は、特定期間、社会活動から排除された。二〇世紀の服喪者は、衣類着用によって服喪中であることを示すのをやめたので、もはや目立つことはなく、不可視の存在になった。経済的、社会的、政治的な生活は、人々のうち誰かが死別の後だということを思い起こされることなく、円滑に進めることが可能になった。二〇世紀の服喪者は、悲嘆と死者に妨げられることなく生活するために、死者を手放し、死者から離れるべきだと考えられた。もっとも、第七章で示したように、ロマン主義が、愛は永遠であり、墓を超越すると教えていた。二〇世紀の魂たちは、たいていの場合は天国に行ってしまったと見なされた。天国では、現世から切り離され、先に亡くなった他の家族との交流を楽しむことができるとされた。しかし、カトリック教徒は死者に向かって祈り続け、また死者のために祈り続けた。一方、驚くべき数の遺族が霊媒に相談し、死者にコンタクトし、彼らが元気かどうかを確かめている(Hazelgrove 2000)。

要するに、西洋プロテスタントの近代性は、死と死にゆくことを周縁に押しやり、服喪者を見えなくし、魂を放置した。それへの逆流もずっとあるが、支配的なのは分離の物語だった。何がこのように駆り立てたのか。制度面からの説明で指摘されているのは、生の医療化、衛生への関心、宗教的要因、労働者から時間を奪いかねないものを最小化したいという資本主義の要請である。アンソニー・ギデンズの説明は、もっと抽象度が高い。「近代性は日常的ルーチンのレベルで存在論的な安全を勝ち取った。それは、社会生活を根本的な実存問題から制度的に除外することによって可能になった。そうした問題は重大な道徳的ジレンマを引き起こすからである」(Giddens 1991: 156)。死は言うまでも

(45)　訳注：「スペクタクル」とは、強い印象や興奮を与えるような光景、見世物を意味する。ギー・ドゥボールは、政治をも含むあらゆる事象がスペクタクルとして消費される現代社会の有様を記述した。ヤコブセンはここで参照されている論文において、ゴーラーの「死のポルノグラフィー」論を踏まえつつ、それがさらに強化され、拡大されたと見る。そして、二〇〇〇年以後に生まれた子どもたちは、マス・メディアやインターネット等のメディアを媒介として死にさらされ続けていると論じる。だが、ゴーラーが前提としていたメディア上で描かれる死と実生活上で起こる死との二項対立は、ドゥボールの枠組ではすべてスペクタクルとなるため、無効化されるはずである。著者ウォルターは、実生活上で起こるリアルな死と服喪でさえ、ソーシャル・メディアを通じて経験されるようになった状況を論じようとしている。

なく、ギデンズの言う除外された厄介な問題には、狂気、犯罪、病気、性現象、自然が含まれる。以上のような種々の説明を批判的に吟味するのは差し控える。私がこれから考察したいのは、分離が過去のものになりつつあるかどうかである。

二　拡散する死

映画からメロドラマ、そしてニュース・メディアまで、マス・メディアは死を愛用している(McIlwain 2005)。メディア上の死は多くの場合、暴力的な死、若すぎる死、悲劇的な死、有名人の死、災害の犠牲者の死(これは南半球で頻繁に起こっている)などである。だが、これらは、西洋の視聴者が個人的に遭遇しそうな死を代表するものではない。したがって、例外はあるものの、メディアによる死の描写が死の隔離に対する真剣な挑戦だという評価は疑問である(Walter 2009)。おそらくもっと重要なのは、ソーシャル・メディアだろう。拡散する携帯ソーシャル・メディアは、社会的相互作用をいつでもどこでも可能にする。これが服喪者同士だけでなく、死者との相互作用も可能にしつつある。ソーシャル・メディア上の死者と言えば、有名人が思い浮かぶかもしれないが、あなたのおばあさんや私の友達の友達なども同じくらい話題にのぼりやすい。ソーシャル・メディアは、死と喪失を舞台中央に引き戻す。

第七章では、継続する絆という概念について説明した。これは、墓を超える永遠の愛というロマン主義的な考えを再評価するようなものである。絆を継続することで、生者は死者を置いて前に進むのではなく、死者とともに前に進む。これはオンラインの投稿でも表現されている。そこでは、魂は、天国へと切り離された存在ではなく、地上を行き来し、生者を守る天使として描かれる。そして第六章で見たように、死者がどこかへ処理されるという考えは、少なくとも英国の葬儀業界の言説では、死者が生者を支える物理的環境へ分散するという考えに変異している。このように、死者は、人格、霊、死体のすべての面において日常生活に拡散している。

　第二章では、死について話すようすべての人をせき立てることで、道徳的起業家が「死のタブー」に挑戦する様子を示した。彼らは死を否認する生を、中途半端に生きられた生として描く。十全に生きるためには、死を受け入れなければならないというのだ。一九七〇年代以降、少なくとも本人の自律を特権化する個人主義的な国（第三章）では、医師は癌が末期であるかどうかを患者に機械的に知らせるようになった。もっとも、他の疾患に関して末期の予後の告知は、そこまで一般化していない。さらに最近では、世界中の慈悲共同体の取り組みが、死だけでなく死にゆく過程をも〔病院から〕共同体に戻そうとしている（第四章）。

　しかし、当分のあいだ死にゆく人は今までと同様に隔離されたままである。死にゆく過程が高齢化したため、最後の部分を介護施設で過ごす人々の数は増えている。その一方で、認知、移動、視聴覚などで障害のある人は、自宅で孤立を深めている。そして、在宅死ができる人を増やそうという努力にもかかわらず、ほとんどの人はいまだに施設で最後の息を引き取る。孤立とスティグマ化に対抗することを目的として、ロンドンの象徴的な聖クリストファー・ホスピス〔初の近代ホスピス〕は、中央にカフェ・スペースを開いた。これはエイズ患者のためのロンドン・ライトハウス[46]の先行事例にならったものである。そこでは、訪問者は、自分が話をしている相手は、他の訪問者なのか、それともスタッフなのか、死にゆく人々なのかがすぐにはわからない。とはいえ、死にゆく過程のもっと後の段階は、カフェの横の部屋で見えないかたちで進行している。臨終の場がかつてそうであったとアリエス(Ariès 1981)が記述したように、再び広く公的な場所になるということはありそうにない。したがって、死の人生からの分離が決して完全ではなかったように、その新しい拡散も完全にはほど遠い。

それにもかかわらず、何かが起こっている。その推進力となっているのは何だろうか。

三　推進力

これまでに、本書はいくつかの推進力を示してきた。たとえばソーシャル・メディアのアフォーダンス、二〇〇年も前からの愛についてのロマン主義的感性、近年では廃棄物が常に環境内に何らかのかたちで残るという生態学的《エコロジー》な理解などである。それはまた、リンダ・ウッドヘッド(Woodhead 2012)が宗教の「脱宗教改革」と呼んでいるものを反映しているかもしれない。「階層的で制度化された教条主義的な形態の宗教は周縁化されている。その一方で、日々、生きられた宗教 lived religion は繁栄し、進化している。宗教は、その中核事業に戻ってきた。つまり日常生活を維持し、生きている人との関係も死んでいる人との関係も支え、不運を管理するという仕事だ」。プロテスタントは死者との関係を正式には禁止しているが、それが緩んできている。そのため、死者との継続する絆を認識することは容易になってきた。オンラインでは新しい服喪の言語が交わされているが、天使を創造的に流用することも容易になった。そして葬儀業界では、死者が地球の生態系の一部になることによるスピリチュアルな安らぎを提供することが容易になった。

生／死、生者／死者の境界の不明瞭化は、男性／女性、ゲイ／ストレート、人間／動物など近代性の中心にあった境界が文化一般のなかで解消していることの一部かもしれない(Howarth 2000)。このカテゴリーの不明瞭化と解消は、ことによるとグリッド〔格子：自他の区別〕とグループ〔集団：内外の区別〕の人類学的分析の観点から理解できるかもしれない(Douglas 1970)。境界づけられた西洋的個人の一〇〇〇年にわたる解消(Smith 2012)、生産を指向する社会から消費者に駆動される社会への転換に伴う制度の脱差異化(Davie 2007)、フーコーの規律社会からドゥルーズ(Deleuze 1992)の管理社会への置き換え、などとしても理解される。これらは可能性ある分析の方針として言及するにとどめたい。

拡散する死者という新しいパラダイムを推進しているのは誰だろう。本書でも他の本(Walter 1994)でも、私は自己表出的職業に属するベビーブーム世代の女性の影響が大きいと指摘した。確かに、彼女らの存在感は、死の認知運動において際立っている。リーダーシップ、著述、運動に関連する会合への出席や発言、死にゆく人と遺族への直接のケアなどである。そのなかには医師、看護師、カウンセラー、心理療法士、葬儀業界の社会起業家が含まれる。ベビーブーム世代の死の改革に影響を与えた二人の女性大祭司はいずれも医師である。死にゆく人を対象とした革新的なケアを広めた人物とし

(46)　訳注：HIV感染者とエイズ患者のために一九八六年に設立されたホスピス。特効薬の開発とともに入院患者のための病床は一九九八年に閉鎖された。その後も患者が立ち寄れるセンターとして続いたが、二〇一五年に閉鎖し、建物は売却された。

ては、シスリー・ソーンダーズがいる。その手段は、聖クリストファー・ホスピスでのインターン制度である。もう一人は、エリザベス・キューブラー＝ロスで、その手段は国際的な著作の出版である。

キャン(Cann 2014)は、米国における日々の生活に根ざした新しい追悼のかたちを分析している。新しい追悼は、墓地ではなく、タトゥー、Tシャツ、車のデカール〔転写式ステッカー〕、ソーシャル・メディアにおいてなされている。これらは専門家ではなく、草の根の人々によって推進されているという。追悼の革新を担う人々は、自らの悲嘆、そしてある程度はその人生そのものが周縁化されており(しばしばヒスパニック系である)、服喪者としての地位を表に主張したいと考えている。そして、これは確かにソーシャル・メディアでの家族以外の人々による服喪についての私の理解にうまく当てはまる。

これらの説明は調和させることができるだろう。(a)まずトップダウンの死の認知運動がある。時には死の認知は上から公式に命令される。人生最終段階ケアの政策、英国の「死に方は大事」連合、いくつかの慈悲共同体の取り組み、死にゆくことについての伝え方を学生に訓練する多くの医学校などである。また時には、死の認知への情熱が、個々のカウンセラー、看護師、起業家に見られる。彼らはより非公式に行動を共にしている。**在宅死**運動、自然死運動、**ドゥーラ**(死の助産師)の訓練などである。これらはすべて、自己表出的職業に属するベビーブーム世代のメンバーに支配されている。(b)同時に、キャンが議論するようなボトムアップからの革新もある。それは死の認知運動と死について話そうという扇動とは完全に独立して起きている。人々はソーシャル・メディアに書き込んだり、追悼タトゥーを入れたり、車のリア・ウィンドウに貼るための追悼デカールを購入したりするだけである。彼らには、運動の一部になったり、いわゆるタブーを破ったりしているという意識はない。だが、そのような行動の影響は似ている。死と死にゆくこと、服喪、死者などを、日陰から引っ張りだし、日常生活の縦糸と横糸にしっかりと織り込もうとしているのだ。

とはいえ、あらゆる人がこれを歓迎しているというわけではない……。

四　逆流

臨終の場が日常生活から隔離されたままであることは、すでに指摘した。死者の分離が解消するどころか、増大している領域もある。二一世紀には、博物館で人間の遺骸を見ることに関連する新たな異議申し立てが、少なくとも、小さいが影響力のあるマイノリティから出てきた(Jenkins 2010)。多くの西洋の博物館は現在、特別な標識の付いた展示エリアに人間の遺骸を置いている。そこに入る前に観覧者に警告する標識を付けて、遺骸を見るかどうかを十分な情報にもとづいて選択できるようにしている。英国の法務省は二〇〇八年に、人骨を発掘した考古学者は、それがどんなに古くても、科学的分析が終わったら埋め戻すべきだと判断した。同省はその後、抗議を受けて規制を緩和したため、骨を博物館に置くことは再び可能になった(Parker Pearson et al 2013)。

文化はまた、死のどの側面を見ることが許されるか、許されないかに影響を与える。たとえば、イングランドの文化では、葬儀場での遺体との最後の対面《ビューイング》はプライベートであり、一握りの家族にしか許されない。または誰も対面しないこともある。対照的に、米国では、防腐処理された遺体との対面は共同体の行事であり、誰もが歓迎されている(Harper 2010)。実際、共同体を葬儀場に招待し、故人がどのようなケアによって処置され、展示されているかを見てもらうことは、アメリカの葬祭ディレクターのビジネスモデルの中心となっている。しかし、これは、アメリカ人が公共の場に死体がさらされることに不快感を覚えないという意味ではない。イングランドの人々はガラス張りの霊柩車が地元の大通りを走るのを見るのに慣れているが、アメリカの霊柩車は中身が見えないようになっている。通行人はそれが霊柩車であることを知っているが、飾り棺は見えない。この比較からわかるのは、死は完全に拡散しているわけでもないし、完全に隔離されているわけでもないということである。死は完全に見えるわけでも、完全に見えないわけでもない。むしろ、死がどのように部分的に見えているか、諸要素がどのように日常生活に拡散しているかは、文化によって異なる。アメリカ人にガラス張りの霊柩車を取り入れさせたり、イングランド人に最後の対面を公表させたりすることは、おそらく失敗するだろう。

拡散する死という新しいパラダイムを、どれくらい多くの二一世紀の人々が受け入れるのか、そしてどのような手段で、またどのような経過をたどって、それを古い分離のパラダイムと組み合わせるのかについては、時間が経過しないとわからない。多くの人々は、死を思うことなく生きる権利を行使し続けるかもしれない。多くの人は、少なくともしばらくのあいだ、死者の記憶なしに生きるのを望むかもしれない。そのような人は、地元の公園で犬を散歩させるときに、通り過ぎるベンチのすべてに死んだ人への追悼板が貼り付いているのは嫌だと思うかもしれない。買い物をするとき、ドクロのメメント・モリ〔「死を思え」という意味で人間の限界を想起させる警句〕が道端に神殿の形で置かれているのを見たくないと思うかもしれない。追悼の書き込みに出会うことなくオンライン生活を送りたいと思うかもしれない。マンガの『ピーナッツ』を引用しておこう。

「いつの日か、私たちはみんな死ぬんだよ、スヌーピー！」
「それは真実さ。でもそれ以外の日はずっと死なないよ」

人生最終段階ケアの政策・方針と実践、地域共同体とソーシャル・メディアにおける追悼ポリシー、雇用主の忌引きに関する方針、健康づくりメッセージ、死の認知運動など、これらはすべて『ピーナッツ』に示された二つのシンプルな真実のあいだでバランスを取らなければならない。

訳者あとがき

本書は、英語圏で「死の社会学」を牽引する指導的研究者と言えるトニー・ウォルター初の邦訳書である。ここでウォルターについて簡単な紹介をしておこう。ウォルターは一九四八年ロンドンに生まれ、一九七五年から九四年まではフリーランスの学者としてさまざまな社会問題に関する本を出版した。その後、アカデミアに入り、レディング大学を経て、バース大学で教授となる。同大学の「死と社会センター」の所長を務め、現在は名誉教授となっている。著作には、『葬儀 *Funerals*』(一九九〇)、既存の死生学における「死のタブー」言説を問い直した『死のリバイバル *The Revival of Death*』(一九九四)、死後生の社会学である『永遠性の衰微 *The Eclipse of Eternity*』(一九九六)、現代のメディアにおける死と服喪を扱った『ダイアナへの服喪 *The Mourning for Diana*』(一九九九)、悲嘆の比較文化論である『死別について *On Bereavement*』(一九九九)、そしてつい最近出版された死の比較社会学的研究である『近代の世界における死 *Death in the Modern World*』(二〇二〇)などがある(以上、単著で死に関する著作のみ)。グーグル・スカラー Google Scholar によれば、『死のリバイバル』は九九四回の引用、『死別について』は六九四回の引用がある。すべての著書・論文の合計では八五六三回の引用があるという(二〇二〇年二月一七日検索)。

このように大きな仕事を残し、影響力があるにもかかわらず、日本では翻訳がないため、少数の研究者しか注目してこなかった。私は本書を手に取ったとき、これを訳すのは自分の仕事だと直観した。本書は小著でありながら、これまで彼が研究してきたことのエッセンスを凝縮したような内容となっている。また、入手時では最新刊であり、取り上げられている事例も比較的新しい。そのため、日本の読者が初めて手に取るのにもっともふさわしい本であると思われた。

高齢化が極度に進んでいる現在の日本で、死生学は研究者にとっても学生にとっても関心の高い分野となっている。しかし、これまでの死生学は、臨床系か歴史・思想系のいずれかに偏るきらいがあった。海外では、心理学や社会学や人類学などの経験科学から死と死にゆくことにアプローチする「死の研究 death studies」が盛んである。たとえば従来の死生学は、死が近代社会でタブー視されているとし、死の受容を促進するという実践的課題を掲げるものが少なくない。同様に、死別後の悲嘆がどのように解消されるのか、どのようにケアすればよいのかといったテーマもよく論じられている。しかし、本書はこうした通説を社会学の立場から批判的に検討する。

この本の原題の副題は「Thinking Critically about Dying and Grieving」である。直訳すると「死ぬことと悲しむことについての批判的思考」となる。このことから、本書ならびにウォルターの姿勢を従来の死生学と区別して「批判的死生学」と呼ぶことができるだろう。実は私はかねてより「批判的死生学」という題目の講義・演習を大学で教えてきた。私が考える「批判的死生学」とは、本書の内容も踏まえつつ規定するならば、医療、心理療法、葬祭業者などとつながりのある、臨床的、実践的な死生学の潮流に対して、その言説の妥当性を批判的に検証するとともに、社会的背景や社会的影響を批判的に分析する学問を指す。

本書における具体的な批判の対象は、死の受容に関しては死の認知運動(キューブラー＝ロス、ソーンダーズ)から人生最終段階ケア、悲嘆のケアに関しては「健康な悲嘆」、遺体処理に関しては葬祭業者のエコロジー的な言説などがある。こうした言説を、ウォルターは、歴史社会学、比較社会学の知見を参照して相対化する。彼が基本的に依拠しているのは近代化、脱近代・後期近代に関する社会学的理論であると思われる。今日の死と生に関する言説に、個人の自律という近代的理念が影響していることを明らかにし、死やケアや悲嘆を関係性のなかでとらえようとする。また、多民族・多文化社会において、異なる死に方や悲しみ方が混在する脱近代的な状況にも目を配っている。

他方、ウォルターは言説批判にとどまらず、共同体における死にゆく者へのケアや、死後の葬儀のあり方について、建設的な提言もおこなっている。

加えて海外でも比較的新しく、日本にほとんど入っていない分野である、ソーシャル・メディアにおける死についての研究も取り上げる。私がウォルターに聞いたところ、ピークは過ぎたようであるが、数多くの研究がなされているという。これを本書では日常に「拡散する死」としてとらえ、新たな死と死別のあり方が到来しつつあることを示唆する。二〇〇〇年以後に生まれた子どもは、ソーシャル・メディアを通して、そのつながりのなかでさまざまな死に接している。ソーシャル・メディア上では、特定の人の死をめぐって服喪者同士がつながっている。また、AI技術を介して死者と交流することが可能になっている。並行して、死者は天地を行き来する天使としてイメージされ、遺体はエコな散布法で大自然に還元されている。ウォルターは、これらを死と死者の拡散する存在感《プレゼンス》に寄与する現象とする。

このような内容と広がりを持つ本書だが、日本の読者にとってどのような意義があるだろうか。二点あると思われる。第一に、日本では前述のような実践的・臨床的な死生学の影響力が強い。近年では厚生労働省とともに「人生の最終段階における医療・ケア」「アドバンス・ケア・プランニング（ACP）」「人生会議」（ACPの愛称）を推進する立場の学者や医師が、マス・メディアを通じて政策に沿った言論を流布させている。これらの政策は実は英国でも推進されており、日英の状況には似た面が少なくない。共通しているのは、安楽死・幇助自殺が合法化されていないため、いわゆる延命医療をしない、あるいはやめることを、患者にシステマティックに選択させる仕組みが求められているという点である。ウォルターは、こうした自己決定を特権化する政策は、来たる認知症社会には不適切であるとし、慈悲共同体や関係論的ケア倫理を推進することを提案する。これは日本でも真剣に考えるべき課題だろう。

このことと関連して、本書では日本の状況が随所で言及されている。ウォルターは、西洋近代の死をめぐる状況を相対化するための参照点として、日本をかなり重視しているようだ。これは日本社会が高度に近代化しているにもかかわらず、文化的には西洋と異質な面を持つことによる。たとえばウォルターは、西洋人が依存よりも自律に価値を認めるのに対し、日本人は「甘えamae」の関係によって互いに支え合っているという点に着目する。日本の医療マンガについての山崎浩司の分析を援用して、日本では昏睡状態の患者とケア者の相互作用が成り立ちうる、と考えられているという。その背景には、他者の非言語的行動を感情移入的に読み取って他者を慮《おもんぱか》る「思いやりomoiyari」を、日本人が生涯を通じて実践していることがある、と。老人遺棄の説話があることもウォルターは知っているようだが、それは実際の話ではなく、日本人がいかに見捨てられることに恐怖を覚えるかを示すものだと理解している。

私はウォルターにメールで、日本人の甘えや思いやりを理想化しすぎではないか、介護殺人なども起こっている、と指摘した。彼は、これまでにも何人かの研究者から同様のことを指摘されたが、自分は日本の実態がどのようになっているかを論じているのではなく、日本人の規範について論じているのだ、と答えてくれた。

実は、日本の生命倫理や死生学の言説にも、近代西洋にないものとして日本人の生命観や死生観を特別視したり、理想化したりする傾向がある。そのような傾向を持つ読者は、本書の日本の取り上げ方を喜ばしく思うかもしれない。しかし、関係的自己ひとつをとっても、支え合うという正の側面だけでなく、集団の圧力という負の側面がある。本書では自殺は扱われないが、家族や会社に迷惑がかかるからという理由でなされる自殺は、関係的倫理の負の側面を示すものである。生き恥をさらさずに潔く死ぬのが日本人の死生観だという言説も、病む人や障害を持つ人に大きなプレッシャーとなりうる。生き死にのあり方を文化や社会規範の恣意的流用で正当化することは、暗黙の強制につながりうる。

日本の死をめぐる実態の批判的解明、とくに家族や医療・介護の従事者による暴力の調査研究、そしてウォルターが理想的だと感じる規範の実践や実現は、本書を受け取った日本人に委ねられた課題だと言えよう。

私は二〇〇九年、二〇一八年、二〇一九年とバース大学を訪問、また滞在し、英国の死生学の議論のレベルの高さに大いに刺激を受けてきた。二〇一四年に山崎浩司の招聘に応じてウォルターが来日したときには、私の本務校でも講演を依頼し、その講演録を鷹田佳典と訳した(「死にゆくこと、東と西と」『死生学・応用倫理研究』二一号、https://doi.org/10.15083/00026744)。ウォルターは私がこれまでの人生で出会った人のなかでもっとも知的であり、それだけでなく、もっとも親切な人であると言ってよい。多忙のなかバース郊外の墓地を案内してくれた際の写真をカバー裏に載せたのは、著者の人柄を伝えるためでもある。ウォルターは本書のなかで、来日した際に「欲しいものや必要なものを聞かれずに世話をされ」るという「伝統的な日本のおもてなしを受けた」と書いている。私などは彼の気づかいに万分の一も及ばないのだが、本書を日本に紹介し、日本人の死生をめぐる状況に一石を投じることで、少しでもその学恩に報いることができればと思う。

二〇二〇年一月

堀江宗正

索　引

サ行

タ行

マ行

ヤ行

ラ行

ワ行

参照文献

Abel, J, Bowra, J, Walter, T et al, 2011, Compassionate community networks: Supporting home dying, *BMJ Supportive and Palliative Care* 2, 129-33

Agamben, G, 1998, *Homo sacer: Sovereign power and bare life*, Stanford, CA: Stanford University Press（ジョルジョ・アガンベン『ホモ・サケル——主権権力と剝き出しの生』高桑和巳訳，以文社，2007 年）

Aldridge, MD, Kelley, AS, 2015, The myth regarding the high cost of end-of-life care, *American Journal of Public Health* 105, 2411-15

Ariès, P, 1981, *The hour of our death*, London: Allen Lane（フィリップ・アリエス『死を前にした人間』成瀬駒男訳，みすず書房，1990 年）

Armstrong, D, 1987, Silence and truth in death and dying, *Social Science and Medicine* 24, 651-7

Arney, WR, Bergen, BJ, 1984, *Medicine and the management of living*, Chicago, IL: University of Chicago Press

Aveline-Dubach, N, 2012, *Invisible population: The place of the dead in East Asian megacities*, Lanham, MD: Lexington Books

Baeke, G, Wils, JP, Broeckaert, B, 2011, We are (not) the master of our body: Elderly Jewish women's attitudes towards euthanasia and assisted suicide, *Ethnicity and Health* 16, 259-78

Bauman, Z, 1992, *Mortality, immortality and other life strategies*, Cambridge: Polity

Bayatrizi, Z, Tehrani RT, 2017, The objective life of death in Tehran: A vanishing presence, *Mortality* 22, 15-32

Becker, E, 1973, *The denial of death*, New York: Free Press（アーネスト・ベッカー『死の拒絶』今防人訳，平凡社，1989 年）

Berger, P, 1969, *The social reality of religion*, London: Faber

Bernstein, A, 2006, *Modern passings: Death rites, politics, and social change in Imperial Japan*, Honolulu, HI: University of Hawai'i Press

Blauner, R, 1966, Death and social structure, *Psychiatry* 29, 378-94

Bloch, M, 1971, *Placing the dead: Tombs, ancestral villages and kinship organization in Madagascar*, London and New York: Seminar Press

Bonanno, GA, 2004, Loss, trauma, and human resilience: Have we underestimated the human capacity to thrive after extremely aversive events?, *American Psychologist* 59, 20–8

Borgstrom, E, Walter, T, 2015, Choice and compassion at the end of life: A critical analysis of recent English policy discourse, *Social Science and Medicine* 136–7, 99–105

Bowlby, J, 1961, Processes of mourning, *The International Journal of Psychoanalysis* 42, 317–40

Boyle, G, Warren, L, 2017, Showing how they feel: The emotional reflexivity of people with dementia, *Families, Relationships and Societies* 6, 3–19

Bramley, L, 2016, One day at a time: Living with frailty: implications for the practice of advance care planning, Nottingham: University of Nottingham, PhD thesis. http://eprints.nottingham.ac.uk/33400/7/Final%20post%20viva%20uploaded%20Bramley.pd

Bravo, V, 2017, Coping with dying and deaths at home: How undocumented migrants in the United States experience the process of transnational grieving, *Mortality* 22, 33–44

Brubaker, JR, Callison-Burch, V, 2016, Legacy contact: Designing and implementing post-mortem stewardship at Facebook, *Proceedings of CHI 2016*, San Jose, CA

Brubaker, JR, Hayes, GR, Dourish, P, 2013, Beyond the grave: Facebook as a site for the expansion of death and mourning, *The Information Society* 29, 152–63

Butler, RN, 1963, The life review: An interpretation of reminiscence in the aged, *Psychiatry* 26, 65–76

Campbell, C, 1987, *The romantic ethic and the spirit of modern consumerism*, Oxford: Blackwell

Cann, CK, 2014, *Virtual afterlives: Grieving the dead in the twenty-first century*, Lexington, KY: University Press of Kentucky

Caswell, G, O'Connor, M, 2015, Agency in the context of social death: Dying alone at home, *Contemporary Social Science* 10, 249–61

Christensen, DR, Sandvick, K, 2016, Grief to everyday life: Bereaved par-

ents' negotiations of presence across media, in K Sandvik, AM Thorhauge, B Valtysson (eds) *The media and the mundane: Communication across media in everyday life*, pp 105–18, Gothenburg: Nordicom

Clark, D, 1999, 'Total pain', disciplinary power and the body in the work of Cicely Saunders, 1958–1967, *Social Science and Medicine* 49, 727–36

Clark, D, Inbadas, H, Colburn, D et al, 2017, Interventions at the end of life: A taxonomy for 'overlapping consensus', *Wellcome Open Research* 2. https://wellcomeopenresearch.org/articles/2-7/v1

Cohen, DW, Odhiambo, ESA, 1992, *Burying SM: The politics of knowledge and the sociology of power in Africa*, Nairobi: East African Educational Publishers

Cohen, RL, 2011, Time, space and touch at work: Body work and labour process (re)organisation, *Sociology of Health and Illness* 33, 189–205

Coleman, P, Ivani-Chalian, C, Robinson, M, 2015, *Self and meaning in the lives of older people*, Cambridge: Cambridge University Press

Conway, S, 2011, *Governing death and loss: Empowerment, involvement and participation*, Oxford: Oxford University Press

Cook, G, Walter, T, 2005, Rewritten rites: Language and social relations in traditional and contemporary funerals, *Discourse and Society* 16, 365–91

Coombs, S, 2014, Death wears a T-shirt: Listening to young people talk about death, *Mortality* 19, 284–302

Corden, A, Hirst, M, 2013, Financial constituents of family bereavement, *Family Science* 4, 59–65

Currier, JM, Neimeyer, R, Berman, JS, 2008, The effectiveness of psychotherapeutic interventions for the bereaved: A comprehensive quantitative review, *Psychological Bulletin* 134, 648–61

Danely J, 2014, *Aging and loss: Mourning and maturity in contemporary Japan*, New Brunswick, NJ: Rutgers University Press

Danforth, L, 1982, *The death rituals of Rural Greece*, Princeton, NJ: Princeton University Press

Davie, G, 2007, *The sociology of religion*, London: Sage

Davies, D, 2015, *Mors Britannica: Lifestyle and death-style in Britain today*, Oxford: Oxford University Press

Davies, D, Rumble H, 2012, *Natural burial: Traditional-secular spiritualities*

and funeral innovation, London: Continuum

DEFRA (Department for Environment Food and Rural Affairs), 2003, *Mercury emissions from crematoria*, London: DEFRA

Deleuze, G, 1992, Postscript on the Societies of Control, *October* 59, 3-7(ジル・ドゥルーズ「追伸　管理社会について」宮林寛訳『記号と事件』河出文庫，356-366 頁，2007 年)

Doi, T, 1981, *The anatomy of dependence*, Tokyo: Kodansha International (土居健郎『「甘え」の構造』増補普及版，弘文堂，2007 年)

Doka, KJ, 1989, *Disenfranchised grief: Recognizing hidden sorrow*, Lanham, MD: Lexington Books

Doka, KJ, Martin, TL, 2002, How we grieve: Culture, class, and gender, in KJ Doka (ed) *Disenfranchised grief: New directions, challenges, and strategies for practice*, pp 337-47, Champaign, IL: Research Press

Dorling, D, 2013, *Unequal health: The scandal of our times*, Bristol: Policy Press

Douglas, M, 1966, *Purity and danger: An analysis of concepts of pollution and taboo*, London: Routledge and Kegan Paul(メアリ・ダグラス『汚穢と禁忌』塚本利明訳，ちくま学芸文庫，2009 年)

Douglas, M, 1970, *Natural symbols: Explorations in cosmology*, New York: Pantheon(メアリー・ダグラス『象徴としての身体――コスモロジーの探究』江河徹，塚本利明，木下卓訳，紀伊國屋書店，1983 年)

Draper, JW, 1967, *The funeral elegy and the rise of English Romanticism*, London: Frank Cass

du Boulay, S, 1984, *Cicely Saunders: the founder of the modern hospice movement*, London: Hodder(シャーリー・ドゥブレイ，マリアン・ランキン『シシリー・ソンダース――近代ホスピス運動の創始者』増補新装版，若林一美監訳，日本看護協会出版会，2016 年)

Durkheim, E, 1915, *The elementary forms of the religious life*, London: Unwin(デュルケム『宗教生活の原初形態』上・下，古野清人訳，岩波文庫，1975 年)

EIU (Economist Intelligence Unit), 2015, *The 2015 Quality of Death Index: Ranking palliative care across the world*, London: EIU

Eisenbruch, M, 1984, Cross-cultural aspects of bereavement, *Culture, Medicine and Psychiatry* 8, 283-309, 315-47

Elias, N, 1985, *The loneliness of the dying*, Oxford: Blackwell（ノルベルト・エリアス『死にゆく者の孤独』新装版，中居実訳，法政大学出版局，2010年）

Evans, R, Ribbens McCarthy, J, Bowlby, S et al, 2016, Responses to death, care and family relations in urban Senegal, *Human Geography Research Cluster*, Reading: University of Reading. http://blogs.reading.ac.uk/deathinthefamilyinsenegal/files/2017/03/Evans-etal-2016-Report-1.pdf

Field, D, 1996, Awareness and modern dying, *Mortality* 1, 255–65

Fine, B, 2010, *Theories of social capital: Researchers behaving badly*, London: Pluto

Firth, S, 1997, *Dying, death and bereavement in a British Hindu community*, Leuven: Peeters

Fitzpatrick, R, Chandola, T, 2000, Health, in AH Halsey, J Webb (eds) *Twentieth-century British social trends*, pp 94–127, Basingstoke: Macmillan

Fong, J, 2017, *The death cafe movement: Exploring the horizons of mortality*, New York: Palgrave Macmillan

Foote, C, Frank, AW, 1999, Foucault and therapy: The discipline of grief, in A Chambon, A Irving, L Epstein (eds) *Reading Foucault for social work*, pp 157–87, New York: Columbia University Press

Foster, L, Woodthorpe, K, 2013, What cost the price of a good send off? The challenges for British state funeral policy, *Journal of Poverty and Social Justice* 21, 77–89

Foucault, M, 1973, *The birth of the clinic: An archaeology of medical perception*, London: Tavistock（ミシェル・フーコー『臨床医学の誕生』新装版，神谷美恵子訳，みすず書房，2020年）

Francis, D, Kellaher, L, Neophytou, G, 2005, *The secret cemetery*, Oxford: Berg

Francis, R, 2013, *The Mid Staffordshire NHS Foundation Trust public inquiry: Final report*, London: The Stationery Office

Freud, S, 1917, Mourning and melancholia, in S Freud (ed) *On metapsychology*, pp 251–67, London: Pelican, 1984（ジグムント・フロイト「喪とメランコリー」伊藤正博訳，『フロイト全集』14，新宮一成，鷲田清一，道籏泰三，高田珠樹，須藤訓任編，岩波書店，2010年）

Friedman, L, 2014, A burning question: The climate impact of 7 million funeral pyres in India and Nepal, *E&E News*, 27 January

Furedi, F, 2004, *Therapy culture: Cultivating vulnerability in an uncertain age*, London: Routledge

Garces-Foley, K, Holcomb, JS, 2005, Contemporary American funerals: Personalizing tradition, in K Garces-Foley (ed) *Death and religion in a changing world*, pp 207-27, Armonk, NY: ME Sharpe

Gardner, PJ, 2011, Natural neighborhood networks: Important social networks in the lives of older adults aging in place, *Journal of Aging Studies* 25, 263-71

Giddens, A, 1991, *Modernity and self-identity: Self and society in the late modern age*, Cambridge: Polity(アンソニー・ギデンズ『モダニティと自己アイデンティティ――後期近代における自己と社会』秋吉美都，安藤太郎，筒井淳也訳，ハーベスト社，2005年)

Gilleard, C, Higgs, P, 2010, Aging without agency: Theorizing the fourth age, *Aging and Mental Health* 14, 121-8

Gilligan, C, 1982, *In a different voice: Psychological theory and women's development*, Cambridge, MA: Harvard University Press(キャロル・ギリガン『もうひとつの声――男女の道徳観のちがいと女性のアイデンティティ』岩男寿美子監訳，生田久美子，並木美智子訳，川島書店，1986年)

Gittings, C, 1984, *Death, burial and the individual in early modern England*, London: Croom Helm

GMC (General Medical Council), 2010, *Treatment and care towards the end of life: Good practice in decision making*, London: GMC

Goffman, E, 1961, *Asylums*, Garden City: Anchor(アーヴィング・ゴッフマン『アサイラム――施設被収容者の日常世界』石黒毅訳，誠信書房，1984年)

Gorer, G, 1965, *Death, grief, and mourning in contemporary Britain*, London: Cresset(ジェフリー・ゴーラー『死と悲しみの社会学』宇都宮輝夫訳，ヨルダン社，1986年)

Gunaratnam, Y, 2013, *Death and the migrant: Bodies, borders and care*, London: Bloomsbury

Halpern, SD, 2015, Toward evidence-based end-of-life care, *New England Journal of Medicine* 373, 2001-03

Harper, S, 2010, Behind closed doors? Corpses and mourners in American and English funeral premises, in J Hockey, C Komaromy, K Woodthorpe (eds) *The matter of death: Space, place and materiality*, pp 100–16, Basingstoke: Palgrave MacMillan

Hazelgrove, J, 2000, *Spiritualism and British society between the wars*, Manchester: Manchester University Press

Heimerl, K, Wegleitner, K, 2013, Organizational and health system change through participatory research, in J Hockley, K Froggatt, K Heimerl (eds) *Participatory research in palliative care*, pp 27–39, Oxford: Oxford University Press

Hertz, R, 1907, A contribution to the study of the collective representation of death, *Death and the right hand*, pp 27–86, London: Cohen and West, 1960（ロベール・エルツ『右手の優越——宗教的両極性の研究』吉田禎吾, 内藤莞爾, 板橋作美訳, ちくま学芸文庫, 2001 年）

Hetherington, K, 2004, Second-handedness: Consumption, disposal and absent presence, *Environment and Planning D: Society and Space* 22, 157–73

Hockey, J, Kellaher, L, Prendergast, D, 2007, Sustaining kinship: Ritualization and the disposal of human ashes in the United Kingdom, in M Mitchell (ed) *Remember me*, pp 33–50, London: Routledge

Holst-Warhaft, G, 2000, *The cue for passion: Grief and its political uses*, Cambridge, MA: Harvard University Press

Horsfall, D, Noonan, K, Leonard, R, 2011, *Bringing our dying home: Creating community at the end of life*, Sydney: University of Western Sydney

Horsfall, D, Leonard, R, Noonan, K et al, 2013, Working together: Apart: Exploring the relationships between formal and informal care networks for people dying at home, *Progress in Palliative Care* 21, 331–36

Howarth, G, 1996, *Last rites: The work of the modern funeral director*, Amityville, NY: Baywood

Howarth, G, 2000, Dismantling the boundaries between life and death, *Mortality* 5, 127–38

Hughes, P, Turton, P, Hopper, E et al, 2002, Assessment of guidelines for good practice in psychosocial care of mothers after stillbirth: A cohort study, *Lancet* 360, 114–18

Hunter, A, 2016, Staking a claim to land, faith and family: Burial location preferences of Middle Eastern Christian migrants, *Journal of Intercultural Studies* 37, 179–94

Illich, I, 1975, *Medical nemesis: The expropriation of health*, London: Calder and Boyars（イヴァン・イリッチ『脱病院化社会――医療の限界』金子嗣郎訳，晶文社，1998年）

Inglehart R, 1981, Post-materialism in an environment of insecurity, *American Political Science Review* 75, 880–900

Jacobsen, MH, 2016, 'Spectacular death': Proposing a new fifth phase to Philippe Ariès's admirable history of death, *Humanities* 5, 19

Jakoby, NR, Reiser, S, 2013, Grief 2.0. Exploring virtual cemeteries, in T Benski, E Fisher（eds）*Internet and emotions*, pp 65–79, London: Routledge

Jalland, P, 2010, *Death in war and peace: A history of loss and grief in England, 1914–1970*, Oxford: Oxford University Press

Jenkins, T, 2010, *Contesting human remains in museum collections: The crisis of cultural authority*, London: Routledge

Jindra, M, Noret, J, 2011, *Funerals in Africa: Explorations of a social phenomenon*, Oxford: Berghahn

Johnson, M, 2016, Spirituality, biographical review and biographical pain at the end of life in old age, in M Johnson, J Walker（eds）*Spiritual dimensions of ageing*, pp 198–214, Cambridge: Cambridge University Press

Jupp, P, 2006, *From dust to ashes: Cremation and the British way of death*, Basingstoke and New York: Palgrave Macmillan

Kamerman, J, 2002, Balancing the costs of enfranchising the disenfranchised griever, in KJ Doka（ed）*Disenfranchised grief: New directions, challenges, and strategies for practice*, pp 405–12, Champaign, IL: Research Press

Kaminer, H, Lavie, P, 1993, Sleep and dreams in well-adjusted and less adjusted Holocaust survivors, in M Stroebe, W Stroebe, R Hansson（eds）*Handbook of bereavement: Theory, research, and intervention*, pp 331–45, Cambridge: Cambridge University Press

Kasket, E, 2012, Continuing bonds in the age of social networking: Facebook as a modern-day medium, *Bereavement Care* 31, 62–9

Kaufman, S, 2005, ... *And a time to die: How American hospitals shape the end of life*, Chicago, IL: University of Chicago Press

Kellehear, A, 1984, Are we a death-denying society? A sociological review, *Social Science and Medicine* 18, 713–23

Kellehear, A, 1996, *Experiences near death: Beyond medicine and religion*, Oxford: Oxford University Press

Kellehear, A, 1999, *Health promoting palliative care*, Oxford: Oxford University Press

Kellehear, A, 2005, *Compassionate cities*, London: Routledge

Kellehear, A, 2007, *A social history of dying*, Cambridge: Cambridge University Press

Kellehear, A, 2009, Dying old: And preferably alone? Agency, resistance and dissent at the end of life, *International Journal of Ageing and Later Life* 4, 5–21

Kellehear, A, 2014, *The inner life of the dying person*, New York: Columbia University Press

Kellehear, A, 2016, Current social trends and challenges for the dying person, in NR Jakoby, M Thönnes (eds) *Zur Soziologie des Sterbens*, pp 11–26, Berlin: Springer VS

Kiel, P, 2016, Online after death: Practices of (un)controlled presence, *Death, dying and bereavement and technologies in the 21C conference*, Sheffield, 2 December

Kitch, C, Hume, J, 2008, *Journalism in a culture of grief*, New York: Routledge

Kjaersgaard Markussen, A, 2013, Death and the state of Denmark: Believing, belonging and doing, in E Venbrux, T Quartier, C Venhorst, B Mathijssen (eds) *Changing European death ways*, pp 165–8, Münster: LIT Verlag

Klass, D, Heath, AO, 1997, Grief and abortion: Mizuko kuyo, the Japanese ritual resolution, *Omega* 34, 1–14

Klass, D, Silverman, PR, Nickman, SL, 1996, *Continuing bonds: New understandings of grief*, Bristol, PA: Taylor and Francis

Kretchmer, A, 2000, Mortuary rites for inanimate objects: The case of Hari Kuyō, *Japanese Journal of Religious Studies* 27, 379–404

Kubasak, MW, 1990, *Cremation and the funeral director: Successfully meeting the challenge*, Malibu: Avalon Press

Kübler-Ross, E, 1969, *On death and dying*, New York: Macmillan（エリザベス・キューブラー・ロス『死ぬ瞬間――死とその過程について』鈴木晶訳，中公文庫，2001 年）

Kumar, S, 2007, Kerala, India: A regional community-based palliative care model, *Journal of Pain and Symptom Management* 33, 623–27

Lafleur, W, 1992, *Liquid life: Abortion and Buddhism in Japan*, Princeton, NJ: Princeton University Press（ウィリアム・R. ラフルーア『水子――〈中絶〉をめぐる日本文化の底流』森下直貴，遠藤幸英，清水邦彦，塚原久美訳，青木書店，2006 年）

Laquer, T, 2015, *The work of the dead: A cultural history of mortal remains*, Princeton, NJ: Princeton University Press

Lee, E, 2003, *Abortion, motherhood and mental health: Medicalizing reproduction in the United States and Great Britian*, New Brunswick, NJ: Transaction

Leonard, R, Horsfall, D, Noonan, K, 2013, Identifying changes in the support networks of end-of-life carers using social network analysis, *BMJ Supportive and Palliative Care* 3, 383–8, doi:10.1136/bmjspcare-2012000257

Lloyd, L, 2004, Mortality and morality: Ageing and the ethics of care, *Ageing and Society* 24, 235–56

Lloyd, L, Banerjee, A, Jacobsen, FF et al, 2014, It's a scandal! Comparing the causes and consequences of nursing home media scandals in five countries, *International Journal of Sociology and Social Policy* 34, 2–18

Lofland, L, 1978, *The craft of dying: The modern face of death*, Beverly Hills, CA: Sage

Lofland, L, 1985, The social shaping of emotion: The case of grief, *Symbolic Interaction* 8, 171–90

Loudon, JC, 1843, *On the laying out, planting, and managing of cemeteries and on the improvement of churchyards*, Redhill: Ivelet Books, 1981

Love, N, 2009, NH rejects dissolving bodies as cremation alternative, *Seacoastonline.com*. www.seacoastonline.com/article/20090304/NEWS/90304045

Lynn, J, Adamson, DM, 2003, *Living well at the end of life: Adapting health care to serious chronic illness in old age*, Santa Monica, CA: Rand

McDannell, C, Lang, B, 2001, *Heaven: A history*, New Haven, CT: Yale University Press（コリーン・マクダネル，バーンハード・ラング『天国の歴史』大熊昭信訳，大修館書店，1993 年）

McIlwain, CD, 2005, *When death goes pop: Death, media and the remaking of community*, New York: Peter Lang

McKeown, T, 1979, *The role of medicine*, Oxford: Blackwell

McManus, R, Schafer, C, 2014, Final arrangements: Examining debt and distress, *Mortality* 19, 379-97

Marris, P, 1958, *Widows and their families*, London: Routledge

Martin, B, 1981, *A sociology of contemporary cultural change*, Oxford: Blackwell

Maruyama, TC, 1997, The Japanese pilgrimage: Not begun, *International Journal of Palliative Nursing* 3, 87-91

Mellor, P, Shilling, C, 1993, Modernity, self-identity and the sequestration of death, *Sociology* 27, 411-31

Mitford, J, 1963, *The American way of death*, London: Hutchinson

Mitscherlich, A, Mitscherlich, M, 1975, *The inability to mourn*, New York: Grove Press（A. & M. ミッチャーリッヒ『喪われた悲哀――ファシズムの精神構造』林峻一郎，馬場謙一訳，河出書房新社，1984 年）

Mol, A, 2008, *The logic of care: Health and the problem of patient choice*, London: Routledge

Moore, J, 2012, Being there: Technology at the end of life, in CJ Sofka, IN Cupit, KR Gilbert（eds）*Dying, death and grief in an online universe*, pp 78-86, New York: Springer

Norwood, F, 2009, *The maintenance of life: Preventing social death through euthanasia talk and end-of-life care: Lessons from The Netherlands*, Durham, NC: Carolina Academic Press

Novack, DH, Plumer, R, Smith, RL, 1979, Changes in physician's attitudes toward telling the cancer patient, *Journal of the American Medical Association* 241, 897-900

Parker Pearson, M, Pitts, M, Sayer, D, 2013, Changes in policy for excavating human remains in England and Wales, in M Giesen（ed）*Curating*

human remains: Caring for the dead in the United Kingdom, pp 147–58, Woodbridge: Boydell and Brewer

Parkes, CM, 2008, *Love and loss: The roots of grief and its complications*, London: Routledge

Parsons, T, Lidz, V, 1963, Death in American society: A brief working paper, *American Behavioral Scientist* 6, 61–5

Pavicevic, A, 2009, Death in a foreign land: Entering and exiting the Serbian emigrant's world, in U Brunnbauer (ed) *Transnational societies, transterritorial politics, and migrations in the (post) Yugoslav area 19th-21st century*, pp 235–48, Munich: R Oldenbourg Verlag

Perri 6, 1997, *Escaping poverty: From safety nets to networks of opportunity*, London: Demos

Pincus, L, 1976, *Death and the family*, London: Faber

Power, M, 1997, *The audit society*, Oxford: Oxford University Press(マイケル・パワー『監査社会――検証の儀式化』國部克彦, 堀口真司訳, 東洋経済新報社, 2003 年)

Prendergast, D, Hockey, J, Kellaher, L, 2006, Blowing in the wind? Identity, materiality, and the destinations of human ashes, *Journal of the Royal Anthropological Institute* 12, 881–98

Prothero, S, 2000, *Purified by fire: A history of cremation in America*, Berkeley, CA: University of California Press

Putnam, RD, 2000, *Bowling alone: The collapse and revival of American community*, New York: Simon and Schuster(ロバート・D.パットナム『孤独なボウリング――米国コミュニティの崩壊と再生』柴内康文訳, 柏書房, 2006 年)

Raudon, S, 2011, *Contemporary funerals and mourning practices: An investigation of five secular countries*, Auckland, NZ: Winston Churchill Memorial Trust

Reynolds, JJ, 2002, Disenfranchised grief and the politics of helping: Social policy and its clinical implications, in KJ Doka (ed) *Disenfranchised grief: New directions, ch allenges, and strategies for practice*, pp 351–87, Champaign, IL: Research Press

Richardson, R, 1989, *Death, dissection and the destitute*, London: Penguin

Robson, P, Walter, T, 2012–13, Hierarchies of loss: A critique of disenfran-

chised grief, *Omega* 66, 97–119
Rose, N, 1989, *Governing the soul: The shaping of the private self*, London: Routledge(ニコラス・ローズ『魂を統治する――私的な自己の形成』堀内進之介，神代健彦監訳，以文社，2016 年)
Rosenblatt, P, Walsh, P, Jackson, D, (eds) 1976, *Grief and mourning in cross-cultural perspective*, Washington, DC: Human Relations Area Files Press
Rotar, M, 2015, Attitudes towards cremation in contemporary Romania, *Mortality* 20, 145–62
Rumble, H, Troyer, J, Walter, T et al, 2014, Disposal or dispersal? Environmentalism and final treatment of the British dead, *Mortality* 19, 243–60
Russ, AJ, 2005, Love's labor paid for: Gift and commodity at the threshold of death, *Cultural Anthropology* 20, 128–55
Sallnow, L, Richardson, H, Murray, S et al, 2016, The impact of a new public health approach to end-of-life care: A systematic review, *Palliative Medicine* 30, 200–11
Scheper-Hughes, N, 1992, *Death without weeping: The violence of everyday life in Brazil*, Berkeley, CA: University of California Press
Schut, H, Stroebe, M, 2005, Interventions to enhance adaptation to bereavement, *Journal of Palliative Medicine* 8, 140–7
Schut, H, Stroebe, M, van den Bout, J et al, 1997, Intervention for the bereaved: Gender differences in the efficacy of two counselling programmes, *British Journal of Clinical Psychology* 36, 63–72
Scourfield, P, 2012, Cartelization revisited and the lessons of Southern Cross, *Critical Social Policy* 32, 137–48
Seymour, J, Witherspoon, R, Gott, M et al, 2005, *End-of-life care: Promoting comfort, choice and well-being for older people*, Bristol: Policy Press
Silveira, MJ, Kim, SYH, Langa, KM, 2010, Advance directives and outcomes of surrogate decision making before death, *New England Journal of Medicine* 362, 1211–18, doi:10.1056/NEJMsa0907901
Sloane, DC, 1991, *The last great necessity: Cemeteries in American history*, Baltimore, MD: Johns Hopkins University Press
Smith, K, 2012, From dividual and individual selves to porour subjects, *Australian Journal of Anthropology* 23, 50–64

Stroebe, M, Gergen, MM, Gergen, KJ et al, 1992, Broken hearts or broken bonds: Love and death in historical perspective, *American Psychologist* 47, 1205–12

Stroebe, MS, Schut, H, 1999, The dual process model of coping with bereavement: Rationale and description, *Death Studies* 23, 197–224

Sudnow, D, 1967, *Passing on: The social organization of dying*, Englewood Cliffs, NJ: Prentice Hall

Taylor, L, 1983, *Mourning dress: A costume and social history*, London: Allen and Unwin

Thomas, H, 2010, Resomation®: The debate (Part 1), *Pharos International* 76, 4–8

Thomas, H, 2011, Resomation®: The debate (Part 2), *Pharos International* 77, 4–8

Torrie, M, 1987, *My years with CRUSE*, Richmond: CRUSE

Townsend, P, 1962, *The last refuge: a survey of residential institutions and homes for the aged in England and Wales*, London: Routledge

Trajectory, 2016, *Losing a partner: The financial and practical consequences*, London: Royal London

Tronto, JC, 1994, *Moral boundaries: A political argument for an ethic of care*, London: Routledge

Tronto, JC, 2010, Creating caring institutions: Politics, plurality, and purpose, *Ethics and Social Welfare* 4, 158–71

Twigg, J, 2006, *The body in health and social care*, Basingstoke: Palgrave Macmillan

Ungerson, C, 1997, Social politics and the commodification of care, *Social Politics* 4, 362–81

Utriainen, T, 2010, Agents of de-differentiation: Women care-givers for the dying in Finland, *Journal of Contemporary Religion* 25, 437–51

van der Pijl, Y, 2016, Death in the family revisited: Ritual expression and controversy in a Creole transnational mortuary sphere, *Ethnography* 17, 147–67

van Heijst, A, 2011, *Professional loving care: An ethical view of the health care sector*, Leuven: Peeters

Verkerk, M, 1999, A care perspective on coercion and autonomy, *Bioethics*

13, 358-68
Verkerk, M, 2001, The care perspective and autonomy, *Medicine, Health Care and Philosophy* 4, 289-94
Visser, R, 2017, 'Doing death': Reflecting on the researcher's subjectivity and emotions, *Death Studies* 41, 6-13
Walsh, M, Wrigley, C, 2001, Womanpower: The transformation of the labour force in the UK and the USA since 1945, *Refresh* 30, 1-4
Walter, T, 1990, *Funerals and how to improve them*, Sevenoaks: Hodder and Stoughton
Walter, T, 1994, *The revival of death*, London: Routledge
Walter, T, 1996, *The eclipse of eternity: A sociology of the afterlife*, Basingstoke: Macmillan
Walter, T, 1999a, A death in our street, *Health and Place* 5, 119-24
Walter, T, 1999b, *On bereavement: The culture of grief*, Buckingham: Open University Press
Walter, T, 2005, Three ways to arrange a funeral: Mortuary variation in the modern west, *Mortality* 10, 173-92
Walter, T, 2009, Jade's dying body: The ultimate reality show, *Sociological Research Online* 14, 5, doi:10.5153/sro.2061
Walter, T, 2015, New mourners, old mourners: Online memorial culture as a chapter in the history of mourning, *New Review of Hypermedia and Multimedia* 21, 1-2, Special issue: Online memorial cultures, 10-24
Walter, T, 2016a, The dead who become angels: Bereavement and vernacular religion, *Omega* 73, 3-28
Walter, T, 2016b, Judgement, myth and hope in life-centred funerals, *Theology* 119, 4, 253-60
Walter, T, 2017, How the dead survive: Ancestor, immortality, memory, in MH Jacobsen (ed) *Postmortal society: Multidisciplinary perspectives on death, survivalism and immortality in contemporary culture*, Farnham: Ashgate
Walter, T, Hourizi, R, Moncur, W, Pitsillides, S, 2011-12, Does the internet change how we die and mourn?, *Omega* 64, 275-302
Weber, M, 1930, *The Protestant ethic and the spirit of capitalism*, London: Allen and Unwin(マックス・ヴェーバー『プロテスタンティズムの倫理

と資本主義の精神』大塚久雄訳，岩波文庫，1989年）

Wegleitner, K, Heimerl, K, Kellehear, A, 2015, *Compassionate communities: Case studies from Britain and Europe*, London: Routledge

Wenger, GC, 1991, A network typology, from theory to practice, *Journal of Aging Studies* 5, 147–62

West, K, 2008, How green is my funeral?, *Funeral Service journal* 123, 104–8

Winzelberg, GS, Hanson, LJ, Tulsky, J, 2005, Beyond autonomy: Diversifying end of life decision approaches to serve patients and families, *Journal of the American Geriatric Society* 53, 1046–50

Woodhead, L, 2012, Mind, body and spirit: It's the de-reformation of religion, *Guardian*, 7 May

Worden, JW, 1983, *Grief counselling and grief therapy: a handbook for the mental health practitioner*, London: Routledge（J. W. ウォーデン『悲嘆カウンセリング――臨床実践ハンドブック』上地雄一郎，桑原晴子，濱崎碧訳，誠信書房，2011年）

Work and Pensions Select Committee, 2016, *Support for the bereaved*, London: House of Commons, www.publications.parliament.uk/pa/cm201516/cmselect/cmworpen/551/55102.htm

Wortman, C, Silver, R, 1989, The myths of coping with loss, *Journal of Consulting and Clinical Psychology* 57, 349–57

Yamazaki, H, 2008, *Rethinking good death: Insights from a case analysis of a Japanese medical comic*, Oxford: Uehiro-Carnegie-Oxford Conference on Medical Ethics, University of Oxford, 11–12 December（山崎浩司「かかわりあいが作る「良い死」――医療マンガ『Ns' あおい』を題材にした考察」，清水哲郎，浅見昇吾，アルフォンス・デーケン編『連続授業　人生の終わりをしなやかに』三省堂，2012年）

Young, M, Cullen, L, 1996, *A good death: Conversations with East Londoners*, London: Routledge

Zerubavel, E, 2003, *Time maps: Collective memory and the social shape of the past*, Chicago, IL: University of Chicago Press

Zuckerman, P, 2008, *Society without God: What the least religious nations can tell us about contentment*, New York: New York University Press

章扉写真（撮影：堀江宗正）

イントロダクション：「歓迎」と書かれた扉の前に立つ白鳩．バース到着日に撮影．

第1章：バース大と市街地を結ぶ無名の小道．先人を追う人は上っているのか，下っているのか？

第2章：バース市内のレストランで開催されたデス・カフェ．訳者も参加した．

第3章：寄り添う二つの古い墓．ブリストル市内のアーノス・ヴェイル Arnos Vale 墓地．墓地の企画にはバース大の「死と社会センター」の John Troyer も関わっている．

第4章：事前決定書の用紙．訳者が参加したデス・カフェで配布．意思決定できなくなったときに治療を拒否すると宣言するもの．1には自分の個人情報，2にはかかりつけ医の情報，3にはこの事前決定を誰と話し合ったかを記載するようになっている．

第5章：葬儀のクラウドファンディングの貼り紙．バース・スパ Bath Spa 駅の近くに掲示されていた．主に火葬の資金を募り，式は教会が無料でおこない，余った募金は寄付されるとある．故人はこの駅の近くの橋を管理する職員だった．貼り紙の周辺には花やメッセージが捧げられていた．

第6章：樹木葬．バース郊外のヘイクーム Haycombe 墓地の一角．墓地には火葬場が併設されており，遺灰が埋められたと見られる．小さな木の板が目印となっていて，近くに花が植えられていた．

第7章：天使となった幼児．ヘイクーム墓地の幼児の墓の区画から．幼児の墓には幼い姿の天使の像がよく見られる．幼くして亡くなった弟を天国の星と見立てた追悼文が添えられている．

第8章：スマートフォンを見ながら駅の通路を歩く若者．椅子の上にレストランの紙袋があり，「君の場所〔家〕で？ それとも僕の？」という言葉が書かれている．これは恋人を誘う言葉だが，レストランの持ち帰り用の紙袋なので，「どちらの家で食べるか」という意味も兼ねている．複数の無関係なつながりが同じ場所で交錯している．

第9章：「死者の日」仕様のエレベーター．バース市内の商業地域．もとはラテン・アメリカの諸聖人の日にちなんだ祭り．

トニー・ウォルター Tony Walter

1948年生まれ．英国バース大学教授．同大学「死と社会センター」前所長．著作に，既存の死生学の「死のタブー」言説を問い直す *The Revival of Death*（『死のリバイバル』），悲嘆の比較文化論 *On Bereavement: The Culture of Grief*（『死別について――悲嘆の文化』）等がある．死の社会学を牽引する存在として，死生学研究者のあいだで今もっとも注目されている人物．本書は最初の邦訳書となる．

堀江宗正

1969年生まれ．東京大学大学院人文社会系研究科死生学・応用倫理センター教授．死生学，スピリチュアリティ研究．2000年，東京大学大学院人文社会系研究科宗教学宗教史学博士課程満期退学．博士（文学）．聖心女子大学文学部准教授を経て現職．著書に『ポップ・スピリチュアリティ――メディア化された宗教性』，『歴史のなかの宗教心理学――その思想形成と布置』，『スピリチュアリティのゆくえ』，編著に『現代日本の宗教事情』（シリーズ いま宗教に向きあう1．以上，岩波書店），『宗教と社会の戦後史』（東京大学出版会）．

いま死の意味とは　トニー・ウォルター

2020年4月3日　第1刷発行

訳　者　堀江《ほりえ》宗正《のりちか》

発行者　岡本　厚

発行所　株式会社　岩波書店
〒101-8002 東京都千代田区一ツ橋2-5-5
電話案内 03-5210-4000
https://www.iwanami.co.jp/

印刷・三秀舎　カバー・半七印刷　製本・中永製本

ISBN 978-4-00-061402-3　Printed in Japan